As sete competências básicas para educar em valores

Dados Internacionais de Catalogação na Publicação (CIP)
(Câmara Brasileira do Livro, SP, Brasil)

Martín García, Xus
    As sete competências básicas para educar em valores / Xus Martín
García, Josep Maria Puig; [revisão técnica Valéria Amorim Arantes;
tradução Óscar Curros]. – São Paulo: Summus, 2010.

    Título original: Las siete competencias básicas para educar en
valores.
    ISBN 978-85-323-0646-3

    1. Educação em valores 2. Educação moral 3. Educação -
Finalidades e objetivos 4. Valores (Ética) I. Puig, Josep Maria.
II. Título.

09-12580   CDD-370.114

Índice para catálogo sistemático:
1. Educação em valores   370.114

EDITORA AFILIADA

Xus Martín García • Josep Maria Puig

As sete competências básicas para educar em valores

summus
editorial

Do original em língua espanhola
LAS SIETE COMPETENCIAS BÁSICAS PARA EDUCAR EN VALORES
Copyright © 2007 by Xus Martín García e Josep Maria Puig
Direitos para a língua portuguesa adquiridos por Summus Editorial

Editora executiva: **Soraia Bini Cury**
Editoras assistentes: **Andressa Bezerra e Bibiana Leme**
Revisão técnica: **Valéria Amorim Arantes**
Tradução: **Óscar Curros**
Capa: **Alberto Mateus**
Projeto gráfico e diagramação: **Crayon Editorial**
Impressão: **Geográfica Editora**

Summus Editorial
Departamento editorial:
Rua Itapicuru, 613 – 7º andar
05006-000 – São Paulo – SP
Fone: (11) 3872-3322
Fax: (11) 3872-7476
http://www.summus.com.br
e-mail: summus@summus.com.br

Atendimento ao consumidor:
Summus Editorial
Fone: (11) 3865-9890

Vendas por atacado:
Fone: (11) 3873-8638
Fax: (11) 3873-7085
e-mail: vendas@summus.com.br

Impresso no Brasil

Sumário

6 » Trabalhar em equipe **105**

7 » Fazer escola **127**

8 » Trabalhar em rede **151**

Introdução

O **OBJETIVO DESTE LIVRO** pode ser explicado facilmente: apresentar uma lista de competências pessoais e profissionais para educar em valores e, sobretudo, propor ao leitor um conjunto de atividades para desenvolvê-las. Para isso, faremos algumas suposições: que a educação em valores é uma ocupação essencial dos educadores, que para educar em valores é necessário certo domínio de um conjunto de competências e, por fim, que é possível melhorar o domínio de cada uma dessas competências com alguma dedicação.

Todos os educadores podem utilizar esta obra, sem exceção. Sempre se educa em valores, portanto nunca deixa de ser útil prestar atenção às competências que facilitam essa tarefa formativa. Assim, podem tirar proveito do livro aqueles que se ocupam da tutoria*, os que se dedicam à educação para a cidadania, se preocupam com os temas transversais, fazem parte da equipe de direção, são especialistas em alguma matéria ou trabalham como professores do Ensino Fundamental I, entre outros.

A preparação para educar em valores apresenta um paradoxo. Por um lado, todos os professores estão capacitados para educar em valores pelo simples fato de serem pessoas e cidadãos. Não existem especialistas nem saberes especiais. Por outro, há um consenso sobre ser necessária uma preparação específica para educar em valores. Não se pode improvisar nem

---

* Nas escolas da Espanha, existe um espaço na grade horária chamado "tutoria", destinado, em linhas gerais, ao planejamento de atividades e à discussão de questões relativas ao cotidiano da sala. Esse trabalho é desenvolvido por um professor-tutor, que pode ser o próprio professor da turma. (N. R. T.)

esquecer a coordenação entre os professores. Provavelmente ambas as posições têm razão: todo mundo pode educar em valores e, de fato, todos estão educando, mas também é fundamental preparar-se e prever certas intervenções conjuntamente. Este livro pretende oferecer recursos para refletir a esse respeito e melhorar o que já temos feito como educadores em valores. Pretende também proporcionar ferramentas que ajudem a coordenar e otimizar o trabalho de diferentes educadores, equipes e instituições.

Com relação ao conteúdo, a obra se inicia com um capítulo introdutório sobre desafios atuais da educação, educação em valores e competências pessoais e profissionais para educar em valores. Os sete capítulos seguintes tratam do mesmo tema, e cada um deles apresenta uma das competências necessárias para educar em valores. Depois da análise, é proposta uma série completa de atividades para permitir e facilitar a observação, a reflexão e a prática de cada uma das competências.

Você pode utilizar o livro da forma que lhe for mais útil e agradável. Pode lê-lo de uma só vez, em maior ou menor velocidade. Ou ler um capítulo por vez, fazendo as atividades para facilitar a assimilação. Pode fazer apenas as atividades e não ler o texto, e vice-versa. Ou, ainda, executar todas as atividades ou somente algumas. Enfim, você pode aproveitá-lo da maneira que lhe for mais conveniente. Obrigado por usá-lo e bom trabalho.

•

1

A revolução educacional e a educação em valores

Este capítulo ajudará você a:

▸ Conhecer o que se entende por terceira revolução educacional.

▸ Conscientizar-se dos principais desafios pedagógicos da atualidade.

▸ Comparar o modelo de transmissão com o de educação.

▸ Descobrir o significado da expressão "aprender a viver".

▸ Apresentar as competências pessoais e profissionais para ensinar a viver.

Introdução

Não sei se no mundo da educação alguma vez estivemos realmente tranquilos. De qualquer modo, é evidente que hoje em dia não estamos. Há dificuldades na convivência, na obtenção dos índices de sucesso que desejaríamos alcançar, na estrutura do próprio sistema educacional, na distribuição dos alunos, no bem-estar dos educadores etc. É como se tudo estivesse em crise. O que está acontecendo com a educação? O que está ocorrendo nas escolas? Conforme afirmaram alguns analistas, o motivo da intranquilidade e de grande parte das dificuldades é que estamos imersos em uma revolução educacional. As revoluções costumam ser desencadeadas por um conjunto de acontecimentos relevantes, fatos que modificam e invertem tudo, que dificilmente voltam atrás para deixar as coisas como estavam e, às vezes, podem ser muito positivos. Pois bem, parece que hoje a educação vive uma verdadeira revolução.

As causas da revolução educacional

É provável que sejam muitos os fatores que contribuam para produzir a atual revolução educacional, porém acreditamos que três deles, especialmente, sejam os maiores responsáveis. São eles: a escolarização de toda a população com até 16 anos; a incorporação das diferenças ao sistema educacional; e o desaparecimento de muitas das certezas sobre as quais a educação foi fundamentada.

A escolarização de toda a população até os 16 anos, sem exceção, é uma das causas básicas da revolução educacional na

Espanha, sobre a qual comentamos. Seja por motivos éticos (todos devem dispor de educação suficiente para viver com dignidade e retidão), seja por motivos econômicos (a sociedade do conhecimento exige melhor formação para estratos cada vez mais amplos da população), o sistema educacional espanhol se propôs estender a educação até os 16 anos. O enorme alcance dessa medida produziu dificuldades com as quais ainda estamos aprendendo a lidar.

Por outro lado, e enquanto se generalizava a educação até os 16 anos, ocorreu a entrada massiva no sistema de alunos provenientes da imigração, obviamente desfrutando desse mesmo direito. Contudo, chegaram com uma escolarização prévia desigual e um nível de conhecimentos extremamente variado, além das evidentes diferenças linguísticas, culturais e religiosas. A inclusão desses alunos na escola tornou muitos dos procedimentos pedagógicos obsoletos. Portanto, o sucesso da democratização trouxe consigo dificuldades.

Finalmente, esses dois processos aconteceram em meio a um contexto de desaparecimento das certezas. A escola, em geral, sempre contou com alguns critérios claros que hoje lhe custa manter. Existe um debate considerável sobre os valores que devem ser defendidos e há poucas certezas amplamente compartilhadas sobre quais devem ser eles e como devem ser transmitidos; tampouco estão nítidos os conteúdos que precisam ser priorizados ou seu significado para os alunos submetidos ao bombardeio midiático; também é difícil dar credibilidade à clássica função de ascensão social da escola. Os fundamentos da educação escolar parecem ter se tornado cambaleantes, e sua falta contribuiu para promover a revolução educacional que temos de enfrentar.

O triplo desafio pedagógico

Os FATOS QUE DESENCADEARAM o que se denomina "revolução educacional" (Esteve, 2004) precisam receber tratamento político, mas também requerem uma ação pedagógica determinada. Aqui falaremos do triplo desafio pedagógico proposto para esse enfrentamento.

» É preciso *passar de uma educação seletiva para uma educação inclusiva.* Antes, os alunos que não alcançassem os níveis solicitados pela escola eram separados da linha principal ou simplesmente expulsos, e aqueles que apresentassem uma conduta diferente dos parâmetros considerados ideais pela escola também eram expulsos. Portanto, as dificuldades de aprendizagem e de comportamento acabavam levando à exclusão da escola. Aqueles que precisavam de mais atenção eram os que menos a recebiam, ou seja, eram os primeiros a ser abandonados. Atualmente estamos aprendendo a trabalhar com todos, a dar a todos o que é necessário e a buscar o seu sucesso. Porém, isso requer a invenção de outra educação, uma educação que não dê o mesmo a todo mundo, e sim o que é conveniente a cada um.

» O segundo desafio representa *a passagem de uma educação monocultural para uma educação intercultural.* Tanto a globalização quanto a imigração intensificaram o contato entre as culturas, tornando obrigatório o planejamento de uma educação que se abra para considerar todas elas. Que deixe de se centrar em seu ponto de vista e sua tradição cultural para, em vez disso, possibilitar a convergência das contribuições de todos para a aprendizagem da convivência. Definitivamente, é preciso aprender a viver com pessoas oriundas de outras tradições, tornando-se necessário que os conteúdos escolares também sejam sensíveis a essa diversidade cultural.

» O terceiro desafio está relacionado com *o esforço para construir uma cidadania ativa.* Trata-se de deixar as certezas fossilizadas e a carência de liberdade do código único, mas também de ir além de uma educação individualista que delegue a cada indivíduo a responsabilidade de formar-se da maneira que lhe pareça mais adequada. Nem um código único nem o relativismo individualista, mas sim a construção conjunta de formas de vida e modos de ser que conduzam a uma vida feliz e uma convivência justa.

Da transmissão à educação

Antes do que foi classificado como revolução educacional, era suficiente – muito embora não fosse desejável – operar com o modelo educacional que denominaremos de transmissão; porém, nas condições atuais, parece ser imprescindível passar para o modelo baseado na educação.

O *modelo de transmissão* baseia-se no acúmulo de conhecimentos pelos estudantes; ou seja, centra-se na transferência de informações a uma população de alunos cada vez mais selecionada, que vai diminuindo conforme dificuldades cognitivas ou de comportamento não são superadas. Segundo esse modelo, as pessoas devem seguir adiante contando unicamente com as próprias forças. A responsabilidade do sistema formativo recai principalmente sobre o fato de assegurar um bom nível de aprendizagem aos que puderem alcançá-lo, sejam muitos ou poucos. No que diz respeito à regulação da convivência, o mecanismo habitual é baseado na ação reativa ou reparadora. Quando ocorre uma alteração – que a princípio não deve ser frequente, pois os alunos são selecionados e estão motivados –, simplesmente se aplica uma repreensão, um castigo ou um tratamento particular. Isto é, não há nenhum sistema específico para melhorar a convivência. Trata-se de um modelo que concebe as escolas como "supermercados do saber" onde o aluno entra e adquire o que pode e os professores atuam como bons distribuidores de conhecimentos. Esse modelo, apesar de suas insuficiências, chegou a funcionar nas condições anteriores à revolução educacional. Agora, no entanto, está completamente obsoleto.

Em contrapartida, o objetivo dos *modelos baseados na educação* é trabalhar com toda a população no intuito de obter sucesso tanto na transmissão de conhecimentos quanto na formação pessoal e social dos estudantes. Isso significa que não se pode dar o mesmo tratamento a todos os alunos, mas sim o que cada um deles requer em diferentes momentos. Trata-se, pois, de construir uma educação sob medida e fugir das educações uniformes e seletivas. Quanto à regulação da convivência, deve ser realizado um trabalho preventivo, uma vez que se sabe que, cedo ou tarde, aparecerá o conflito. Este não é uma exceção nem será tratado como tal, e sim interpretado como um fato rotineiro, que deve ser utilizado para melhorar a ação formativa. Um modelo com essas características não aceita nem se conforma com uma situação de baixo rendimento dos alunos; pelo contrário, aspira a que todos cheguem tão longe quanto lhes seja possível. O importante é que todos sejam promovidos – e não apenas alguns –, chegando tão longe quanto possível.

Para isso, a educação deve estar disposta à formação e à instrução: *não se trata de priorizar o esforço para saber muito, mas para ser uma pessoa completa.* Para tanto, é necessária uma educação integral, que enxergue as pessoas como totalidades e trabalhe com elas de maneira global, ou seja, buscando o equilíbrio entre o *ser* e o *saber.* Por último, também é preciso não separar as vertentes pessoais e individuais da formação dos componentes cívicos e coletivos: os âmbitos público e privado fazem parte da mesma unidade com a qual devemos contribuir para formar e articular. A fim de promover um modelo baseado na educação, diversas medidas devem ser tomadas; uma das mais urgentes é dar um novo destaque para a educação em valores.

O que pretende a educação em valores?

O PRINCIPAL OBJETIVO da educação em valores é *ajudar os alunos a aprender a viver.* Essa é a primeira tarefa dos seres humanos, porque, apesar de estarmos preparados para viver, precisamos adotar um modo de vida que seja sustentável e realmente queiramos para nós mesmos e para todos os que nos cercam. Temos de escolher como queremos viver.

Esse aprendizado é essencial porque a vida é algo único e valioso, porém ao mesmo tempo muito vulnerável, tanto no nível físico quanto no psicossocial. A fraqueza que se manifesta requer atenção especial para que se aprenda a vivê-la e respeitá-la. Mas a vida também é um espaço de cristalização de valores, uma realidade que toma forma à medida que o esforço humano a constrói em relação íntima com o entorno. Não é exagero dizer que a vida é uma obra de arte que cada um vai modelando. É necessário realizar um esforço educacional para construir uma vida de sucesso.

Mesmo quando temos dúvidas sobre como fazê-lo, aparentemente as decisões sobre a maneira de viver têm de apontar para a defesa da própria vida. Viver de modo que nenhuma vida seja prejudicada ou colocada em perigo. Viver assegurando a sobrevivência física e também a reprodução social, cultural e espiritual da vida. Viver garantindo no presente e no futuro uma otimização sustentável da vida. Viver, definitivamente, defendendo uma vida digna, que satisfaça as tarefas essenciais da existência humana: viver uma biografia correta, sem menosprezar os direitos dos demais. Felicidade e justiça, duas tarefas morais necessárias para assegurar uma vida ideal, as quais nem sempre é fácil saber com precisão em que consistem e nunca concluímos totalmente.

O que aprender para aprender a viver?

PARA APRENDER A VIVER de maneira integral, sem se limitar a nenhuma dimensão particular, é preciso uma educação completa, que inclua todas as facetas humanas. Uma educação que considere os principais âmbitos da experiência humana e a aprendizagem ética que cada um deles supõe: aprender a ser, aprender a conviver, aprender a participar e aprender a habitar o mundo (Puig *et al.*, 2005).

» *Aprender a ser.* Este tópico se refere ao trabalho formativo que cada indivíduo realiza sobre si mesmo para se libertar de certas limitações, para construir uma forma apreciada de ser e alcançar o maior grau possível de autonomia e responsabilidade. Aprender a ser pressupõe um duplo trabalho: cada um deve construir a si mesmo da forma como deseja e utilizar a própria maneira de ser como uma ferramenta para tratar das questões propostas pela vida.

» *Aprender a conviver.* Esta parte aponta a tarefa formativa que é preciso colocar em prática para superar a tendência à separação e ao isolamento entre as pessoas, para se recobrar do excesso de individualismo que valoriza tudo em função do próprio interesse, para abandonar as imagens objetivadoras do outro que o representam como uma coisa e convidam a usá-lo como tal, como se faz com as demais coisas. Aprender a conviver é uma tarefa educacional que visa libertar os indivíduos dessas limitações, ajudando-os a estabelecer vínculos baseados na abertura e na compreensão dos demais, bem como no compromisso com possíveis projetos em comum.

» *Aprender a participar.* A terceira tarefa de aprender a viver está centrada no aprendizado da vida em comum. Esse processo consiste em fazer parte de uma coletividade, alcançando um bom nível de civismo, ou de respeito às normas e aos hábitos públicos, e sendo um cidadão ativo. Ou seja, ser capaz de exigir os direitos que lhe cabem e, ao mesmo tempo, sentir-se obrigado a cumprir os deveres e manifestar as virtudes cívicas necessárias para contribuir com a organização democrática da convivência. Portanto, o aprendizado da vida em comum é o esforço para ser um membro cívico e um cidadão ativo em uma sociedade democrática e participativa.

» *Aprender a habitar o mundo.* O quarto e último ponto propõe um trabalho educacional que vai um pouco além do tópico anterior, visando implantar em cada jovem, de maneira reflexiva, uma ética universal de responsabilidade pelo presente e pelo futuro das pessoas e da Terra, uma ética de preocupação e cuidado com a humanidade e com a natureza, imprescindível em um momento em que a globalização se estende a todos os âmbitos da vida e a crise ecológico-climática propagou-se implacavelmente por todos os cantos do planeta.

É possível ensinar a viver?

ESSA É UMA DÚVIDA MUITO ANTIGA. Sócrates já havia formulado uma pergunta semelhante – "A virtude pode ser ensinada?" –, analisando-a exaustivamente e atingindo apenas um êxito parcial. Na realidade, não é claro que as virtudes possam ser ensinadas, pelo menos não da mesma maneira que matemática, geografia, desenho ou línguas.

Mas por que a possibilidade de ensinar a viver, do mesmo modo como ensinamos outros conhecimentos, é tão discutível? A princípio, por uma razão muito simples: não é possível que alguém adquira virtudes e valores por meio das explicações que lhe são oferecidas pelos adultos, nem por meio da simples memorização dessas explicações. Assim, com esse método podemos aprender a história da literatura, porém não podemos adquirir valores.

Ensinar a viver não é informar nem aprender conhecimentos. Ensinar a viver não é transmitir saberes, e sim um "saber fazer", pois o que é requerido é o conjunto de habilidades, capacidades ou virtudes. E nada disso se aprende com discursos ou memória, mas por meio de observação, prática, exercício e reforço outorgados às pessoas. Ensinar a viver indica a formação de certas disposições e capacidades: um "saber fazer". E a aquisição desse domínio torna o exercício e o treinamento imprescindíveis: a participação ativa em práticas de valor próprias de uma comunidade.

Ensinar a viver não transmite apenas um "saber fazer", mas também a estima e a paixão por ele. Não se aprende a viver sem sentir o domínio das capacidades e das virtudes morais como algo particular e importante. Mas, apesar dessa relevância, o simples domínio instrumental não soluciona nem esgota a essência do aprender a viver. O domínio das capacidades e das competências não é suficiente para garantir uma vida digna. Há uma enorme diferença entre uma pessoa hábil e uma pessoa disposta a ter uma vida boa. As capacidades e disposições só se transformam em valores vitais quando alguém, ao aprendê-las, passa a apreciá-las e compromete-se a utilizá-las corretamente.

E como se transmite um "saber fazer" apreciável? A forma mais simples de apreciar um conhecimento é quando uma pessoa que você aprecia o ajuda a adquiri-lo. Em outras palavras, não é possível para um educador ajudar no aprendizado da vida se não consegue ser apreciado. Um professor pouco querido pode chegar a transmitir conhecimentos de modo correto, mas dificilmente conseguirá transmitir valores. O vínculo afetivo entre professor e aluno é imprescindível para influenciar o aprendizado da maneira de viver. Em síntese, um modo de vida só pode ser aprendido mediante a ajuda de pessoas apreciadas e a participação nas práticas de valor de uma comunidade.

Competências para ensinar a viver

PARA INFLUIR NO APRENDIZADO de uma maneira de viver, os educadores precisam desenvolver um conjunto variado de competências profissionais. Estas permitirão que eles sejam pessoalmente relevantes na relação com seus alunos, que consigam criar uma atmosfera na sala de aula para impulsionar o trabalho e, por último, contribuam para formar uma cultura escolar de transmissão de valores. Como dissemos, para atingir tais objetivos é conveniente que os professores desenvolvam um conjunto de competências que lhes possibilitem realizar corretamente as tarefas dos diferentes âmbitos nos quais intervêm. Na sequência, apresentaremos os âmbitos de intervenção e as competências próprias de cada um deles. O restante do livro apresentará as diferentes competências e proporá atividades para otimizá-las.

ÂMBITOS DE INTERVENÇÃO	COMPETÊNCIAS PROFISSIONAIS
O PRÓPRIO INDIVÍDUO	Ser você mesmo.
A RELAÇÃO INTERPESSOAL	Reconhecer o outro.
O GRUPO-CLASSE	Facilitar o diálogo.
	Regular a participação.
AS EQUIPES DOCENTES	Trabalhar em equipe.
A ESCOLA	Fazer escola.
O ENTORNO SOCIAL	Trabalhar em rede.

Para educar em valores, é necessário trabalhar com pelo menos essas sete tarefas, conhecidas e habitualmente praticadas pelos professores. Portanto, não se trata de pensar em como incorporá-las à nossa atividade profissional, mas de avaliar como as executamos para, assim, detectar os aspectos que consideramos positivos e negativos.

Meus pontos fortes e meus pontos fracos

Depois de refletir, anote dois comportamentos, atitudes ou ideias que você considere positivos e dois que considere negativos em sua maneira de fazer com relação a cada uma das tarefas indicadas. Com isso, será possível fazer um primeiro diagnóstico dos pontos fortes e fracos do seu trabalho como educador.

SER VOCÊ MESMO
+
−

RECONHECER O OUTRO
+
−

FACILITAR O DIÁLOGO
+
−

REGULAR A PARTICIPAÇÃO
+
−

TRABALHAR EM EQUIPE
+
−

FAZER ESCOLA
+
−

TRABALHAR EM REDE
+
−

Ser você mesmo

Este capítulo ajudará você a:

▸ Valorizar a construção da própria escala de valores para educar em situações de grande diversidade moral.

▸ Determinar os elementos que intervêm no processo de autoconhecimento pessoal.

▸ Conscientizar-se da influência dos educadores na formação dos jovens.

▸ Determinar a intervenção docente mais adequada em situações moralmente controvertidas.

▸ Trabalhar a escrita autobiográfica sobre temas relacionados com a função educacional.

Clarificar valores em situações de grande diversidade moral

Na construção da personalidade moral, a clarificação dos próprios valores é especialmente relevante. Isso acontece porque eles são algo mais do que a adesão a determinadas ideias, uma vez que dão sentido à maneira de fazer e de viver de cada indivíduo e orientam-no quando precisa enfrentar circunstâncias complexas. Nesse sentido, dizemos que os valores são guias de conduta que atuam quando a pessoa se encontra em situações controvertidas. Sua função como referência de conduta evidencia a necessidade de cada pessoa definir com precisão sua hierarquia de valores, o que a ajudará a ter um comportamento pessoal mais orientado e coerente e lhe permitirá tomar decisões com consciência e autonomia.

Apesar da importância dos processos de clarificação pessoal, manter uma conduta orientada pelos próprios valores tem se tornado cada vez mais difícil. Estamos imersos em um período de notável incerteza, por um lado, e de ampliação da diversidade moral, por outro. Acerca das incertezas, devemos lembrar de alguns dos muitos problemas com os quais depara, hoje, o conjunto da humanidade, assim como cada sociedade em particular. A situação de extrema pobreza em que vive parte dos seres humanos, a conservação dos recursos naturais do planeta, os conflitos bélicos ou os desafios que são continuamente propostos à ciência são alguns exemplos.

Com respeito à ampliação da diversidade moral, nas últimas décadas foi dado um passo que vai além do pluralismo a que estávamos acostumados na maioria das sociedades abertas e democráticas. Nestas, passou-se de um código moral único a um pluralismo moral que reconhecia a diversidade de pontos de vista que podiam conviver em uma mesma comunidade, fenômeno que representa o primeiro passo suficientemente conhecido de diversificação moral. No entanto, ocorre hoje um novo aumento da diversidade moral. Referimo-nos ao fenômeno do multiculturalismo, que promoveu a ampliação dos pontos de vista morais e das posições culturais em um mesmo espaço geopolítico; e ao fenômeno da globalização, que transformou todas as posturas culturais e morais da humanidade em vozes que implicam a definição de um modo comum de viver.

Essa situação lança um novo desafio moral: aprender a ser de maneira que possamos conduzir nossa própria vida em uma situação de grande diversidade moral. O papel da educação diante desse desafio é fundamental. Os referentes sociais se multiplicaram e o trabalho a ser feito pelo professor se alterou. Ser professor hoje é mais complexo que algum tempo atrás, e parece ser mais necessária do que nunca a presença de educadores flexíveis, abertos e dispostos a trabalhar em situações de incerteza, porém, ao mesmo tempo, com personalidade definida e coerente. Somente com uma consciência clara de si mesmo é possível abordar de modo eficaz a diversidade moral presente nas salas de aula.

O processo de construção de si mesmo

O AUTOCONHECIMENTO é um processo sempre inacabado, que implica uma atividade de auto-observação e descoberta de si mesmo mas também de antecipação do futuro e construção de formas de ser queridas e desejadas. Essas tarefas mostram a importância que a criação de hábitos de trabalho tem para a vida pessoal e profissional. Trata-se de conseguir se conhecer melhor e adquirir as destrezas que permitem fazê-lo. Por outro lado, o processo de autoconhecimento não tem uma única direção. São muitos os aspectos que intervêm no momento de ser você mesmo, e eles se reforçam entre si. A seguir, apresentaremos alguns dos mais significativos.

» *Consciência de si mesmo.* Desenvolver a capacidade de obter informação de si próprio. Ter se construído como sujeito que se conhece e, com o tempo, pode modificar a imagem que tem de si mesmo, o valor que se atribui e os ideais que deseja para si. Esse conhecimento permitirá ao indivíduo se transformar na sede da responsabilidade moral e da coerência pessoal. A reflexão aumenta a possibilidade de adquirir informação significativa sobre si mesmo e também amplia a autonomia do sujeito.

» *Clarificação pessoal.* Ser transparente com relação aos aspectos que configuram o próprio modo de ser, de pensar e de sentir. O autoconhecimento supõe também a aquisição de uma transparência maior a respeito dos próprios sentimentos, desejos, motivos, necessidades, razões e pensamentos. Um profundo conhecimento desses elementos permite configurar uma imagem positiva de si mesmo e traz elementos de juízo de valor e de ação moral que não podem ser ignorados.

» *Integração das experiências biográficas e projeção para o futuro.* Reconhecer, assumir e dar sentido ao passado é uma condição fundamental para uma personalidade moral madura. Do mesmo modo, construir horizontes para o futuro a fim de continuar integrando a própria experiência e orientando a atividade também é uma dimensão do autoconhecimento. Assim, entender o próprio passado e projetar o futuro são ações complementares no trabalho sobre a autobiografia de cada sujeito.

» *Capacidade de autorregulação.* Tornar possível conduzir de maneira autônoma a conduta, em função de critérios sobre os quais a pessoa tenha refletido e que tenha escolhido voluntariamente. A autorregulação afeta diretamente a atividade do indivíduo, mas também faz referência ao seu juízo. Assim, uma pessoa capaz de autorregular sua conduta tem maior possibilidade de manter um comportamento coerente com relação ao que pensa, sendo mais eficaz do que aquelas cuja capacidade de autorregulação seja prejudicada.

» *Iniciativa pessoal.* A capacidade para empreender projetos está diretamente relacionada com os níveis de autoestima e autoconfiança. O hábito da reflexão gera a aceitação progressiva das próprias limitações e possibilidades, bem como o ânimo para tirar o máximo proveito destas últimas. Assim, as pessoas que têm uma imagem clara de si mesmas estão mais bem preparadas para assumir responsabilidades e iniciar projetos de ação do que aquelas cuja autoimagem seja confusa e pouco elaborada. A capacidade de iniciativa é reforçada por um bom nível de autoconhecimento.

» *Autonomia pessoal.* Esta dimensão aparece de maneira transversal em todas as demais. É evidente que o processo de construção de si mesmo está direcionado para a autonomia individual e para o desenvolvimento das destrezas pessoais que permitem o autoconhecimento. Em uma situação social caracterizada pelos altos níveis de diversidade moral, a autonomia moral é imprescindível para que as condutas individuais se mantenham orientadas pelos próprios valores e o indivíduo não ceda diante da pressão externa. Paradoxalmente, também é necessária uma consciência autônoma para que haja disposição para renunciar a uma postura pessoal quando são reconhecidas razões melhores no adversário.

A influência dos professores no desenvolvimento dos alunos

Os EFEITOS QUE A AÇÃO dos educadores tem na formação individual dos jovens dificilmente podem ser medidos. É complicado estabelecer relações diretas entre a intervenção dos docentes e a reação dos alunos. Pode-se fazer isso de maneira pontual, porém não é fácil explicar a evolução de uma criança tendo em conta exclusivamente as influências que ela recebe dos seus professores. A experiência diz que nem todos os alunos respondem de forma semelhante a uma mesma intervenção nem o fazem imediatamente. A constatação de que a educação é um trabalho de base com efeitos em longo prazo, de que frequentemente as crianças avançam dando dois passos para a frente e um para trás e estão submetidas a outras influências fora da escola demonstra a enorme complexidade do tema e a impossibilidade de medir com precisão a capacidade que os docentes têm de provocar mudanças significativas nos alunos.

Apesar de reconhecer essa realidade, não podemos ignorar a importância da figura do professor no desenvolvimento pessoal dos jovens, assim como a transcendência que sua maneira de se comportar tem nas relações estabelecidas na sala de aula. Desse modo, a exposição de modelos pessoais convida os alunos a se apropriarem, por meio de processos de imitação, de algumas das atitudes que percebem na ação do adulto.

A capacidade de exercer influências positivas sobre os alunos, porém, não está tão ligada ao fato de os professores terem determinado caráter ou personalidade, mas no de serem capazes de usá-los em benefício da intervenção nas aulas. A autenticidade nas relações, a coerência no momento de agir e a tolerância diante de opções de valor diferentes podem ser praticadas por diversas personalidades e permitem mostrar atitudes pessoais valiosas. Assim, acreditamos que uma personalidade autêntica, que mostra coerência entre as ideias que transmite e a sua conduta diária e é capaz de aceitar e valorizar outros pontos de vista, fornece modelos aos jovens e tem mais possibilidade de influenciá-los de maneira significativa. Por isso, além dos efeitos que os valores entranhados em cada personalidade concreta possam ter sobre os alunos – por exemplo, a paciência, o bom humor, o compromisso ecológico ou a vida saudável –, consideramos que exista uma série de atitudes mostradas por modos diferentes de ser que convidam os jovens a se aceitar como são, a respeitar a diversidade presente na sala de aula e a estabelecer relações interpessoais baseadas na tolerância:

» *Aceitação do próprio modo de ser e autoestima alta.* Os professores que têm bom conhecimento de si mesmos e se aceitam como são criam um ambiente favorável para os alunos se manifestarem de maneira transparente, sem esconder o que sentem ou pensam em determinada situação.

» *Respeito diante da diversidade moral.* O direito de cada aluno de ser ele mesmo requer um compromisso prévio de todo grupo: o respeito diante das diferenças e a calorosa aceitação do outro.

» *Relações baseadas na tolerância.* A aceitação da diversidade possibilita os intercâmbios e as relações interpessoais baseadas na tolerância diante de diferentes opções. O diálogo e a flexibilidade são impostos como procedimentos necessários para a convivência.

A atitude do professor em situações controvertidas

ENTRE AS SITUAÇÕES que o professor enfrenta diariamente, destacam-se – por sua significância pessoal – aquelas que levantam questões controvertidas do ponto de vista moral. As opções dos educadores, sua hierarquia de valores, crenças e posicionamentos ideológicos são elementos difíceis de ser utilizados no cotidiano da escola. O questionamento sobre a conveniência de manifestar opinião diante de temas polêmicos mantém-se em aberto, apesar dos inúmeros debates sobre o tema. Existe um grupo de professores que reivindica o posicionamento dos docentes como elemento educacional de primeira ordem. A autenticidade pessoal e a responsabilidade para com o papel de modelo perante as crianças têm primazia sobre qualquer outra razão. Esses argumentos são contestados por aqueles que acreditam que a melhor maneira de favorecer a autonomia e a liberdade de pensamento dos alunos é o professor se abster de opiniões sobre temas controvertidos, evitando a pressão mais ou menos intensa que o ponto de vista do adulto sempre representa.

Embora esses posicionamentos pareçam irreconciliáveis, a prática diária nas escolas mostra um importante consenso em questões fundamentais. Assim, a maior parte dos professores assume certo relativismo cultural em suas intervenções, respeitoso quanto à diversidade de opções presentes na escola e na sociedade, e ao mesmo tempo defende valores que são necessários para a convivência comum e não podem ser renunciados. Trata-se de um ponto de partida que, embora seja amplo, permite que a atuação dos docentes seja orientada em situações controvertidas. A natureza dos valores colocados em jogo em uma discussão é considerada um elemento-chave pela maioria dos professores na hora de decidir manter uma conduta neutra ou, pelo contrário, expressar publicamente o que pensam. Atendendo a essa variável, podemos diferenciar duas categorias de valores e avaliar quais são as intervenções mais convenientes em cada caso (Trilla, 1992):

» *Valores compartilhados.* São aqueles que suscitam um amplo índice de acordo, que vai além das opções pessoais e culturais. São pouco discutíveis em sua formulação geral, porque a maioria das pessoas e dos grupos os considera imprescindíveis para alcançar o desenvolvimento pessoal de todos os membros de uma comunidade e obter uma boa convivência em situações de grande diversidade cultural. Alguns exemplos dessa categoria de valores são: a liberdade, o direito à vida, a justiça, entre outros de caráter procedimental como o diálogo e a democracia. Em situações nas quais esses valores são questionados, acreditamos que os professores deveriam assumir uma atitude comprometida. Não se trata de impô-los, mas sim de desenvolver práticas que ajudem os alunos a interiorizá-los. A ação de qualquer professor e de qualquer instituição educacional deveria reforçar os valores que possibilitam a vida em comunidade e estão acima das convicções políticas, religiosas ou ideológicas das pessoas e dos grupos.

» *Valores não compartilhados.* São aqueles que equivalem a opções pessoais ou culturais restritas e não desfrutam de um amplo consenso em nível social, apesar de serem compatíveis com os anteriores. Embora se trate de opções legítimas de valor, não têm o apoio da maioria das pessoas nem podem ser generalizadas.

» As sociedades plurais caracterizam-se, entre outras coisas, por acolher opções morais diferenciadas e alternativas. As afiliações políticas ou religiosas, as formas de viver a sexualidade ou de participar da vida da comunidade abrem possibilidades muito diferentes. E, além das opiniões individuais a respeito da melhor maneira de abordar essas realidades, não existe um sentimento coletivo que priorize uma acima das demais. Essa falta de acordo social é o principal argumento para defender atitudes neutras dos educadores em situações controvertidas com relação a tais valores. Abster-se de manifestar opinião pessoal sobre esses assuntos pode despertar a procura por critérios próprios, estimular o pensamento autônomo e evitar soluções precipitadas nas quais a criança se apropria apressadamente dos argumentos utilizados pelo adulto.

» Obviamente, manifestar ou não a opinião pessoal é uma opção individual que deverá ser valorizada em cada circunstância concreta, considerando-se os valores envolvidos e também outros elementos pedagógicos que sejam relevantes no momento de decidir pela intervenção mais adequada. Referimo-nos a elementos como a idade das crianças, o grau de envolvimento delas com o tema, o comprometimento pessoal do educador com os valores que estão em conflito, o ideário da escola, a relação de dependência do aluno para com o educador ou a demanda explícita daquele para que este expresse a sua opinião. Esses critérios não dão uma resposta definitiva ao dilema sobre a neutralidade ou o posicionamento dos educadores, porém podem ajudá-los a decidir como agir.

Redação autobiográfica

Sabemos muito bem que uma das melhores maneiras de formar a si mesmo é fazer reflexões com base em um trabalho de redação autobiográfica. Quem escreve sobre seu passado recorda, mas também consegue entender-se melhor, colocar alguma ordem nas suas ideias e valores e orientar-se para o futuro na direção que realmente deseja. Portanto, escrever sobre nossa trajetória profissional como educadores pode ajudar a nos conhecer e nos direcionar melhor. Para provar isso, propomos três exercícios de redação autobiográfica.

1 *Autobiografia mínima.* Escreva sua autobiografia como educador em no máximo cinco linhas, dando a ela um título adequado. É claro que você não conseguirá dizer tudo, mas poderá fazer referência aos aspectos que considerar fundamentais. Este exercício também pode ter um momento coletivo: quando todos tiverem escrito sua autobiografia, podem se dividir em pequenos grupos e ler o que escreveram, comentando os aspectos coincidentes e os diferentes ou aquilo que cada grupo julgar relevante com base nos trabalhos autobiográficos.

2 *Linha da vida.* Exercício para desenhar o mapa dos acontecimentos mais relevantes da biografia profissional. Faça um quadro com três colunas: à esquerda, coloque a data dos fatos importantes da sua vida profissional; no centro, resuma-os; à direita, explique o valor ou o significado pessoal que atribui a cada um deles. Acrescente a quantidade de quadros correspondente à de acontecimentos que queira destacar.

A LINHA DA MINHA VIDA COMO EDUCADOR		
Data	Fato relevante	Atribuição de valor

Agora trace a linha da sua vida profissional em alguns eixos de coordenadas. No eixo horizontal devem ser indicadas as datas, no eixo vertical deve ser atribuída uma medida pessoal que misture motivação, estado de ânimo e comprometimento profissional. Chamaremos esse índice de "bem-estar profissional".

Bem-estar profissional

Datas (anos)

Para terminar, faça uma avaliação da sua linha profissional e indique que direção gostaria que ela seguisse no futuro e os passos que devem ser dados para isso.

3 *Temas autobiográficos.* É possível fazer redações autobiográficas muito significativas sobre temas específicos (por exemplo, meu primeiro ano como educador; a influência dos fatos sociopolíticos ou dos familiares no meu trabalho educacional; os momentos-chave da minha formação; entre outros). Nossa proposta é que você faça um relato dessa natureza, mas com uma pequena atividade preparatória.
Anote cinco temas que considere relevantes para escrever um trabalho autobiográfico:

1 _____
2 _____
3 _____
4 _____
5 _____

Agora escolha um desses temas, pense cuidadosamente no que deseja escrever e redija um texto que tenha de preferência uma página de extensão. Se você escreve um blog, certamente já pensou em disponibilizar seu texto. Se não, pode pedir a algum amigo que o divulgue no dele.

Aprender sem imitar

Todos nós conhecemos pessoas – no nosso caso, educadores – que admiramos pela forma como desenvolvem seu trabalho e pelos valores que manifestam. Não que admiremos tudo nelas, mas alguns detalhes de seu comportamento profissional. Além disso, queiramos ou não, todos nós aprendemos com as pessoas que nos cercam. Admiração e contágio, no entanto, não querem dizer imitação; significam apenas que gostaríamos de aprender novas virtudes e completar, assim, nossa maneira de ser. Vale a pena refletir com consciência sobre o que acontece conosco. Siga os seguintes passos:

1 Pense e anote o nome – ou pseudônimo, se quiser manter o anonimato – de três educadores que você admira por alguma qualidade ou valor profissional, não importando se são personagens históricos, pessoas que você conhece ou educadores ficcionais:

» _____

» _____

» _____

2 Agora, anote três qualidades ou valores que você destacaria para cada um deles:

NOME	QUALIDADES		
	» _____		
	» _____		
	» _____		

(continua)

	» _____ » _____ » _____
	» _____ » _____ » _____

3 Você destacou nove qualidades ou valores. Agora, escolha três que você desejaria ter:

» _____

» _____

» _____

4 A seguir, imagine dois comportamentos que concretizariam cada uma dessas três qualidades ou valores na sua prática educacional.

NOME	COMPORTAMENTO
	» _____ » _____
	» _____ » _____
	» _____ » _____

5 Pensar em seis coisas ao mesmo tempo é complicado. Então, escolha uma qualidade ou valor, com seus dois comportamentos concretizadores, e tente aplicá-la durante suas próximas aulas. A cada dia, você deve avaliar como se saiu, podendo aproveitar também para escrever sobre isso.

NOME	COMPORTAMENTO
	» _____
	» _____

A cada semana, ou outro período que você considere suficiente, escolha outra qualidade ou valor e faça a mesma operação com seus comportamentos concretizadores.

Meus valores

Valores são qualidades desejáveis da conduta humana. Quando alguém os adquire, transforma-os em norteadores que regulam o comportamento e outorgam sentido a ele. Portanto, nós educadores temos um duplo trabalho: primeiro, pensar quais valores devemos transmitir aos jovens; segundo, pensar quais valores precisam orientar nossa própria conduta como professores. Isso é o que propomos por meio da seguinte atividade:

1 Acrescente à lista de valores aqueles que você achar que estão faltando.

» Altruísmo	» Autenticidade	» Ajuda
» Amabilidade	» Autoestima	» Beleza
» Amizade	» Autonomia	» Bem comum
» Ascensão	» Autoridade	» Bondade
» Austeridade	» Aventura	» Coerência

(continua)

(continuação)

» Competência	» Harmonia	» Qualidade de vida
» Comprometimento	» Honradez	» Reconhecimento
» Conhecimento	» Imparcialidade	» Respeito para
» Cooperação	» Independência	com os demais
» Coragem	» Integridade	» Responsabilidade
» Criatividade	» Justiça	» Sabedoria
» Democracia	» Lazer	» Saúde
» Diálogo	» Liberdade	» Segurança
» Diferença	» Liderança	» Sensibilidade
» Dignidade	» Mérito	» Senso crítico
» Eficiência	» Mudança social	» Senso de dever
» Entusiasmo	» Participação	» Serenidade
» Equilíbrio	» Patriotismo	» Sinceridade
» Esperança	» Paz	» Solidariedade
» Excelência	» Perdão	» Tolerância
» Fama	» Prazer	» Trabalho
» Fé	» Prestígio	» Tradição
» Felicidade	» Propriedade privada	» Verdade
» Força de vontade	» Prudência	» Vida
» Generosidade		

2 Escolha e anote os dez valores que você acredita que deve transmitir aos seus alunos e os dez que devem orientar seu trabalho como educador.

VALORES QUE PRECISAM SER TRANSMITIDOS AOS ALUNOS	VALORES QUE DEVEM ORIENTAR O TRABALHO EDUCATIVO

3 Agora, escolha e hierarquize os três valores que você prefere de cada uma das listas.

VALORES QUE PRECISAM SER TRANSMITIDOS AOS ALUNOS		VALORES QUE DEVEM ORIENTAR O TRABALHO EDUCATIVO	
1		1	
2		2	
3		3	

4 Escolha um dos valores que você acredita que devem ser transmitidos aos alunos e imagine atividades escolares que ajudariam a fazer isso.

5 Agora, escolha um dos valores que você acredita que devem orientar o trabalho educacional, imagine o comportamento adequado para manifestá-lo em diferentes situações escolares e pense quais condutas você deveria modificar em sua maneira habitual de fazer as coisas.

ATIVIDADE **5**

Entrevistando a si mesmo

O que propomos a seguir é um jogo que, como muitos, parece mais um divertimento que um trabalho realmente proveitoso. Esperamos, no entanto, que – como ocorre com os jogos – sob a aparência de passatempo se esconda um modo talvez mais incisivo que outros de tratar certos temas. Nesse caso, pedimos que pense em uma série de perguntas para uma entrevista imaginária com você mesmo. Essa entrevista tem de estar estruturada de modo a descobrir como você é como educador.

1 Anote dez perguntas para ser feitas a você mesmo em uma entrevista com a intenção de mostrar a sua maneira de ser como educador.

1 _____
2 _____
3 _____

4 _____

5 _____

6 _____

7 _____

8 _____

9 _____

10 _____

2 Agora, responda, também por escrito, a pelo menos três perguntas que lhe pareçam mais complexas.

1 _____

2 _____

3 _____

3 Das perguntas restantes, escolha duas e imagine a resposta que você daria a ela, fazendo um esforço, se necessário, para mostrar a melhor imagem de si mesmo.

» **Pergunta 1:** _____

» **Resposta:** _____

» **Pergunta 2:** _____

» **Resposta:** _____

ATIVIDADE 6

O que deveria ser feito?

1 Uma das questões que invariavelmente esquentam os ânimos quando analisamos o trabalho dos professores é a conveniência de eles dizerem sempre o que pensam (sendo comprometidos e parciais* e defendendo suas crenças) ou, ao contrário, de às vezes decidirem não expressar todos

---

* No original espanhol, a palavra utilizada é "beligerantes", mas optou-se pelo termo "parciais" na edição em português. O autor utiliza o termo "beligerância" como antônimo de "neutralidade", por isso a opção pelo uso da palavra "parcialidade". (N. R. T.)

os seus pontos de vista (sendo neutros e não expondo seus pensamentos, em benefício da livre reflexão dos alunos). Em situações como a apresentada a seguir, não está implicado unicamente o critério do aluno, mas também o da família, e é possível que os educadores nem sempre tenham de tomar a mesma atitude. Porém, o que deveria ser feito em um caso como este?

João é um menino de 11 anos. Sua mãe ficou grávida sem querer e, depois de refletir bastante, decidiu abortar, em concordância com o pai. João ficou sabendo e viveu de perto e com muita intensidade o processo que levou os pais a tomar essa decisão. Quando eles já estavam decididos, o menino explicou tudo ao professor. Durante a conversa, João lhe pediu com insistência uma opinião. Antônio, o professor, acredita que não se deve abortar. Porém, apesar da sua opinião, a pergunta do aluno o inquieta e, nesse momento, ele não tem certeza sobre o que deve fazer. Não sabe se é melhor expressar o seu ponto de vista contrário ao aborto ou não dizer o que realmente pensa em respeito à família para não influenciar a criança.

» A seu ver, o que Antônio deve fazer? Por quê?

» O que o professor deveria fazer se João tivesse 15 anos?

» O que ele deveria fazer se pensasse da mesma forma que os pais de João?

» Se você acredita que o professor deve optar por uma ou por outra postura, como acha que isso deveria ser dito ao aluno?

2 Muitas vezes, mais que um dilema entre ser neutro ou defender certas ideias, as interrogações propostas colocam em jogo questões profissionais, legais, pessoais ou de outra natureza. Propomos que você pense e anote o que faria em cada uma das seguintes situações[1]:

1 Adaptado de Padrós *et al.* (s/d).

> Magali, tutora do 9º ano do Ensino Fundamental*, ficou sabendo que uma garota da turma tem um encontro marcado, no sábado, com um garoto que conheceu em um chat. O garoto mostrou-se muito enigmático. Magali não vê graça nisso, e as amigas da garota também não, porém ela diz que está pensando em ir ao "encontro às escuras".

» Você acha que Magali deveria contar aos pais da garota?

> Durante os acampamentos de verão de uma escola, ocorriam atividades diárias na piscina, banhos de mangueira e jogos com areia, e os alunos acabavam ficando muito sujos. Havia duas duchas disponíveis, e a equipe de monitores decidiu que era uma boa oportunidade para que meninos e meninas compartilhassem-nas. Algumas famílias reclamaram de todos tomarem banho juntos, despidos, e pediram à escola que isso não se repetisse. Outras famílias parabenizaram os monitores por contribuírem para diminuir as manias e vergonhas dos meninos e meninas.

» Você acredita que os banhos coletivos devem ser mantidos, como havia sido feito até então?

» O que os monitores poderiam fazer?

---

* No original, 3º ano da Educación Secundaria Obligatoria (ESO).

A maioria das famílias de uma escola quer que, depois da formatura, seja feita uma tradicional viagem de uma semana para a praia. Entretanto, três famílias não dispõem de recursos econômicos suficientes para isso e teriam de fazer um esforço enorme para que seus filhos pudessem participar. A tutora da turma, Elisabeth, não acha justo que o passeio represente um ônus tão considerável para tais famílias e decidiu que a viagem deve ser mais curta e para um lugar mais próximo.

» Você concorda que é preciso mudar o planejamento da viagem para torná-la mais acessível?

» Você acha que poderiam ser feitas outras coisas?

Reconhecer o outro

Este capítulo ajudará você a:

▸ Perceber os pontos característicos de uma atitude acolhedora para com o aluno.

▸ Reconhecer o humor como recurso educativo eficaz na criação de relações cordiais.

▸ Avaliar as consequências formativas das relações interpessoais.

▸ Analisar as diferentes maneiras de docentes e alunos se relacionarem.

▸ Saber o que é necessário para conseguir relações de qualidade nas aulas.

Criação de vínculos afetivos

As relações interpessoais influenciam intensamente a convivência de qualquer grupo humano, e sua qualidade afeta decisivamente o estado anímico e o nível de rendimento das pessoas. Na escola, esse fato tem especial relevância devido ao caráter formativo da instituição, à idade dos alunos e à função educativa assumida pelos adultos que dela participam, em particular os professores.

Embora o clima moral de uma escola seja criado, em grande parte, pelas interações entre seus membros – alunos, professores, funcionários, famílias etc. –, neste capítulo vamos nos concentrar naquelas pelas quais os adultos são especialmente responsáveis: as interações destinadas a reconhecer cada aluno e a estabelecer relações baseadas no respeito, na fidelidade e na confiança.

O reconhecimento do outro requer, por parte do professor, uma atitude permanente de acolhimento e vontade de se comunicar, que se concretiza em diversas situações. Ao contrário de outras intervenções docentes, a criação de vínculos afetivos não pode se isolar dos demais momentos educacionais, e sim fazer parte de todos. Essa natureza transversal, e de certo modo onipresente, explica a complexidade e a importância das relações interpessoais: elas não podem ser programadas com precisão, uma vez que se manifestam em situações diversificadas e frequentemente imprevisíveis; porém, ao mesmo tempo, têm influência decisiva para a formação da personalidade moral dos alunos.

No cotidiano das aulas, a atitude docente de reconhecer o outro pode se concretizar em reuniões nas quais professor e aluno compartilhem momentos de certa proximidade, face a face; em assembleias que incentivem a participação; em uma aula que valorize as diferentes contribuições; ou ainda na hora do intervalo, compartilhando um tempo de relaxamento com os alunos. As relações interpessoais entre professor e alunos têm um claro potencial formativo e são imprescindíveis para colocar em prática um trabalho significativo de educação em valores.

Atitudes que facilitam o reconhecimento do outro

O RECONHECIMENTO DO OUTRO é fruto da atitude educativa de se dispor ao envolvimento com o projeto pessoal dos estudantes, o que não é possível se o professor não se comprometer a participar ativamente da tarefa formativa de cada um deles. Por isso, é necessário vontade de estabelecer vínculos afetivos que não se limitem às relações estritamente formais derivadas dos diferentes papéis institucionais. Uma atitude docente comprometida permite, no mínimo, três concretizações: o acolhimento, a compreensão e a confiança nas possibilidades do outro.

> » *Acolher um aluno significa aceitá-lo como ele é, sem condições.* E fazer isso permanentemente. O acolhimento não deve se restringir ao início da relação, mas definir o estilo adotado pelo professor para se dirigir aos estudantes. Trata-se de uma ação desinteressada, que não espera nada em troca. O professor assume o desafio de responder generosamente à necessidade do aluno de se sentir

valorizado e querido, sem estabelecer nenhuma dívida nem obrigação. A relação de acolhimento e a atitude de aceitação também aludem à intenção de colaborar por meio da qual o adulto se coloca a serviço das crianças, para ajudá-las tanto quanto possível. Permite que elas saibam que ele está disponível e que podem contar com ele não apenas como especialista em determinadas matérias, mas também – e sobretudo – como pessoa.

» Junto com o acolhimento, *o reconhecimento do outro passa pela compreensão de sua pessoa: sua maneira de ser, de pensar, de sentir e de viver.* Uma atitude respeitosa por meio da qual o adulto se esforça para colocar-se no lugar da criança e conectar-se com a sua realidade. A compreensão se manifesta na disposição para o diálogo, no desejo de escutar o outro sem filtros, a fim de captar a essência do que ele quer comunicar. Porém, ao mesmo tempo, vai além da comunicação verbal. Respeitar e compreender cada aluno significa saber estar ao seu lado na hora e da maneira que ele necessitar, levando em consideração sua idade, seu momento pessoal e suas preocupações, nem sempre expressos pelas palavras. O efeito imediato de uma atitude respeitosa e compreensiva do docente é convidar o aluno a se manifestar de forma autêntica, sem precisar fingir nem manipular a própria identidade, ajudando-o a se aceitar como é e a desenvolver progressivamente um projeto de vida coerente consigo mesmo.

» Se o acolhimento incondicional e a compreensão favorecem o reconhecimento do outro, *confiar nas suas possibilidades e deixar isso claro enche de otimismo o processo educativo.* Enfatizar o potencial do aluno em vez de acentuar suas limitações não é uma opção ingênua que ignora a realidade. Ao contrário, refere-se à capacidade do adulto para descobrir as competências pessoais dos alunos e ajudá-los a aplicá-las aos conflitos que fazem parte do seu cotidiano – e a acreditar que podem fazê-lo. Como veremos mais adiante, os efeitos dessa visão esperançosa do adulto são definitivos para transmitir autoestima ao aluno. Trata-se de uma contribuição significativa para a formação da sua personalidade moral.

ATITUDES QUE FACILITAM O RECONHECIMENTO DO OUTRO	
ACOLHIMENTO	» Aceitação incondicional » Relação desinteressada » Vontade de colaborar
COMPREENSÃO	» Respeito » Abertura para o diálogo » Acompanhamento pessoal
CONFIANÇA NAS POSSIBILIDADES	» Visão esperançosa » Expressão das expectativas

O acolhimento, a compreensão e a confiança nas possibilidades do outro configuram um ótimo quadro de relações interpessoais e, ao mesmo tempo, facilitam aos alunos o reconhecimento da autoridade moral do adulto. Esta não é fruto da imposição e do abuso de poder, mas do respeito diante do seu valor pessoal; uma autoridade necessária para estabelecer os limites que a tarefa de educar sempre acarreta, os quais também fazem parte da relação afetuosa e próxima entre jovens e adultos.

A força educativa
das relações interpessoais

A IDENTIDADE PESSOAL só pode ser construída com base na relação que cada sujeito mantém com os demais. O eu não se desenvolve fechando-se em si mesmo, e sim estabelecendo interações com os iguais, que o ajudam a gerar uma forma de vida e uma trajetória. Assim, as relações interpessoais são imprescindíveis para o crescimento humano e moral de qualquer um. Até agora, vimos a responsabilidade do docente, no terreno educacional, de acolher e reconhecer cada aluno em sua singularidade. Veremos, a seguir, as consequências éticas dessa atitude e os movimentos de formação moral produzidos em uma relação educacional com tais características.

» Em primeiro lugar, devemos falar da *responsabilidade incondicional adotada pelo professor.* A relação educativa representa uma responsabilidade ética do adulto para com o jovem, a qual não é limitada por nenhuma condição que possa eximi-la e tampouco espera nada em troca. O professor compromete-se a participar de perto da tarefa formativa protagonizada pelo jovem, com base no conhecimento e no afeto. Acompanhar o outro em sua trajetória educacional é um dever que ele assume por intermédio do seu papel de educador.

» Um segundo movimento moral é o *respeito que a criança sente pelo adulto* e que acaba produzindo uma exigência moral. Quando o aluno se sente acolhido, apreciado e valorizado pelo professor, também acaba apreciando-o. E, quando isso acontece, é criado um vínculo afetivo recíproco que facilita a adoção por parte dos jovens dos indicadores de valor e de conduta propostos pelos adultos. O desejo de não decepcionar aquele a quem aprecia e os sentimentos positivos para com o outro são fatores motivacionais que facilitam a conduta valiosa e a exigência moral. Ambos os movimentos são complementares e explicam quão intricadas são as relações humanas baseadas na fidelidade, na confiança e no respeito.

» Por último, podemos falar de um terceiro movimento moral que consiste em *transmitir esperança, ânimo e coragem ao outro com base na confiança* depositada em suas capacidades. As expectativas que o professor tem a respeito dos alunos, com frequência, costumam ser confirmadas e chegam a ser determinantes em sua evolução e suas conquistas – bem como em seus erros e fracassos. Assim, a visão esperançosa e a confiança no potencial humano de cada aluno aumentam a autoestima e têm consequências positivas sobre o rendimento e a conduta deste.

Acreditamos que esses três movimentos morais – responsabilidade pelo outro, respeito que gera exigência e transmissão de expectativas altas – mostram a relevância das relações interpessoais entre adultos e jovens na formação moral destes últimos.

RECONHECIMENTO E MORALIDADE	
RESPONSABILIDADE ÉTICA DO ADULTO PELO JOVEM	» Compromisso ético » Acompanhamento baseado no conhecimento e no afeto
RESPEITO E APREÇO DO JOVEM PARA COM O ADULTO	» Exigência moral » Interesse em não decepcionar o adulto
TRANSMISSÃO DE EXPECTATIVAS ALTAS	» Aumento da autoestima » Melhora da conduta e do rendimento

Humor e reconhecimento do outro

O ACOLHIMENTO e o reconhecimento do outro se concretizam sempre em intervenções reais e, frequentemente, pontuais ao longo da jornada escolar. Por isso, quanto mais recursos, atividades e estratégias forem colocados ao seu serviço, maiores serão as suas possibilidades de construir relações interpessoais intensas e significativas. Além dos encontros face a face, podemos destacar outras dinâmicas educacionais que facilitam a criação de um bom clima na sala de aula. Uma delas é o bom humor utilizado por muitos professores na intervenção docente.

O bom humor possibilita o distanciamento do que acontece na aula, ameniza as situações tensas, introduz novos elementos necessários para a resolução de um conflito ou aproxima posturas contrárias em uma discussão. Porém, sobretudo, o senso de humor, o ambiente alegre e as brincadeiras frequentes proporcionam momentos de intimidade para o grupo compartilhar risadas e se mostrar de maneira autêntica. Rir junto também ajuda a estabelecer vínculos com os demais. Portanto, *o bom humor e as brincadeiras são recursos educativos eficazes quando queremos abordar criativamente as situações habituais da vida escolar.* Vejamos algumas das suas possibilidades:

» Relativizar comentários inadequados comuns em determinadas idades. As provocações próprias dos adolescentes, que têm como objetivo fazer o professor perder as estribeiras, podem ser rejeitadas por meio de um comentário divertido, com o qual o adulto mostra que não se aborreceu, não levou a sério a bobagem dita pelo aluno nem saiu do seu papel.

» Incentivar os alunos a participar de uma atividade pela qual manifestam uma atitude passiva. Um comentário desconcertante pode motivar o envolvimento do aluno que não mostra interesse pelo que está sendo feito na aula, evitando um enfrentamento direto.

» Reprovar insultos e problematizar atuações negativas. Uma forma de chamar a atenção de um aluno diante de uma conduta pouco respeitosa é colocá-la em evidência, dando uma resposta engenhosa.

» Aumentar a autoestima dos alunos. As brincadeiras são boas oportunidades de parabenizar, reconhecer e exaltar as conquistas pessoais dos alunos, divulgando-as na aula e demonstrando afeto de diferentes formas. De fato, a frequência de brincadeiras respeitosas, o tom de bom humor e a risada compartilhada criam um ambiente alegre e relaxado na sala de aula, que favorece os encontros positivos do professor com os alunos, bem como entre os iguais.

USO EDUCATIVO DO BOM HUMOR	
RELATIVIZAR OS COMENTÁRIOS INADEQUADOS	» Distanciar o adulto do comentário impertinente feito pelo estudante
INCENTIVAR A PARTICIPAÇÃO	» Convidar para fazer parte de uma atividade
CHAMAR A ATENÇÃO	» Evidenciar uma conduta incorreta
AUMENTAR A AUTOESTIMA	» Parabenizar e reconhecer os progressos individuais e coletivos

Prestar atenção em todos os alunos

Se você se esforçar para recordar cada um dos seus alunos ou, melhor ainda, se observar a lista completa do seu grupo/classe, perceberá que não os trata de modo igualitário. É muito difícil fazê-lo, tampouco é correto dar a todo mundo um tratamento idêntico. O mais acertado é dar a cada um o que ele necessita, mas todos precisam de atenção e dedicação por parte dos adultos. Apesar disso, e por vários motivos, nem sempre nos dedicamos aos alunos com a mesma intensidade. Se com a lista da classe diante dos olhos você pensar em cada um dos seus alunos, verá que com alguns deles tem mais facilidade para se relacionar, que com outros isso é um pouco mais custoso, que alguns intervêm sempre e outros são invisíveis, que alguns levam todas as broncas e outros todos os elogios. É claro que nos relacionamos de maneiras diferentes com cada um deles. Fazer essas distinções, às vezes, é bom; outras vezes, nem tanto. Nesta atividade, pedimos que você analise as diversas formas de se relacionar com seus alunos.

1 Anote alguns dos motivos que justificam um tratamento igualitário e um tratamento diferenciado dos alunos.

COMO TRATAR OS ALUNOS?	
É necessário um tratamento igualitário	É necessário um tratamento diferenciado

2 Com a lista completa da turma em mãos, procure dois alunos com os quais você tenha dificuldade e outros dois com os quais você tenha facilidade para se relacionar. Anote o nome deles (ou um pseudônimo que lhe permita identificá-los) e os motivos pelos quais você acha que isso acontece.

TENHO DIFICULDADE DE ME RELACIONAR COM...	
Nome (ou pseudônimo)	Motivos

TENHO FACILIDADE DE ME RELACIONAR COM...	
Nome (ou pseudônimo)	Motivos

» Qual é sua opinião sobre os motivos que provocam esse tratamento diferenciado?

3 Agora identifique dois alunos invisíveis – que não chamam atenção e passam totalmente despercebidos – e pense em como você poderia oferecer um destaque positivo a eles nos próximos dias. Faça isso e, a seguir, avalie os resultados.

ALUNOS INVISÍVEIS	
Nome (ou pseudônimo)	O que pode ser feito para oferecer-lhe um destaque positivo?

» Você conseguiu oferecer um destaque positivo aos alunos indicados? Obteve algum resultado perceptível?

Como eu me relaciono com os estudantes?

A primeira condição do trabalho educativo é criar relações interpessoais de qualidade entre professores e alunos. Sem uma relação positiva é impossível pensar no sucesso da educação. Porém, quando falamos da relação com os alunos, ocorrem-nos muitas recomendações sobre o que devemos fazer e evitar. Portanto, é provável que a lista a seguir incorpore bons conselhos, mas nem todos serão relevantes. Propomos que você os leia com atenção e faça as duas tarefas indicadas:

1 Atribua valores de 1 a 5 ao seu comportamento, de acordo com a seguinte classificação:

1 = Nunca penso nisso
2 = Algumas vezes tento
3 = De vez em quando
4 = Tento assiduamente
5 = É um comportamento frequente

COM OS ESTUDANTES	1	2	3	4	5
Você procura momentos para falar sem se esconder por trás do seu papel de professor.					
Esforça-se para entender os alunos e mostra a eles sua aceitação.					
Aproxima-se para estimulá-los e dar a eles atenção individualizada.					
Confia nas possibilidades deles e lhes transmite sua convicção de que são valiosos.					
Comunica claramente as normas que a seu ver devem ser cumpridas.					
Controla o cumprimento das normas da escola e da turma.					

(continua)

(continuação)

COM OS ESTUDANTES	1	2	3	4	5
Convida os alunos para que deem sua opinião.					
Escuta atentamente o que eles dizem, é receptivo às suas propostas e faz uso delas.					
Tenta não os rotular negativamente – nem como pessoas nem como estudantes.					
Procura oportunidades para elogiá-los e destacá-los de modo positivo.					
Encontra ocasiões para dar a eles responsabilidades no trabalho.					
Oferece oportunidades para que participem ativamente da regulação da convivência.					
Quando precisa dar uma ordem, chama-os pelo nome, aproxima-se deles e olha-os no rosto.					
Quando precisa dar uma ordem, faz isso com voz amável e uma atitude firme.					
Quando chama a atenção dos alunos, você descreve a conduta que não aprova.					
Age com frieza depois de uma recriminação ou castigo.					

Ao atribuir valor a todos os itens, você pode chegar a 80 pontos; portanto, 40 pontos é exatamente a metade. Qual foi o seu resultado e como você o avalia?

2 Para terminar, sugerimos duas tarefas:

» Escolha os comportamentos aos quais você tenha atribuído valores maiores e recorde algumas situações concretas nas quais os tenha aplicado com bons resultados.

» Escolha dois comportamentos que gostaria de melhorar e imagine em quais situações poderia aplicá-los e o que deveria fazer.

Centrar-se no lado bom
e relatá-lo em cinco linhas

Nós professores falamos muito dos nossos alunos, embora com frequência de maneira negativa. Está certo que nem sempre comentamos travessuras, dificuldades ou limitações, porém constantemente os problemas nos levam a destacar o lado ruim. No final, acabamos como manda a tradição: não enxergando os acertos e superestimando os erros. Não há dúvida de que os alunos podem melhorar, mas também é verdade que eles apresentam muitas qualidades que poderíamos descobrir e comunicar. Estamos convencidos de que destacar o lado bom de cada um deles produz resultados melhores do que focar somente o que não funciona bem.

Para conseguir isso, propomos um exercício que, à primeira vista, pode parecer muito difícil, mas depois se torna gratificante. Ele consiste em imaginar o que diríamos sobre nossos alunos no momento de transmitir informações aos professores que os receberão no próximo ano. Porém, devemos nos esforçar para passar uma visão positiva sobre os alunos.

Como apresentar toda a classe seria um trabalho longo – que, se você quiser, pode praticar quando tiver oportunidade –, deve-se escolher um aluno e escrever cinco linhas que resumam seu perfil mais positivo. Você pode utilizar as sugestões que apresentamos a seguir como orientação. Quando já tiver feito o exercício com um aluno, pode se animar a fazê-lo com outro. Olhar os alunos de maneira positiva o ajudará a torná-los melhores.

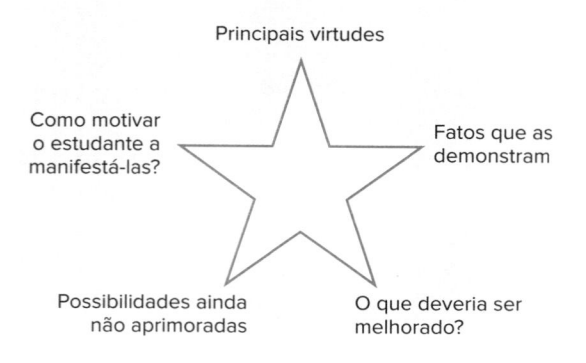

Principais virtudes

Como motivar o estudante a manifestá-las?

Fatos que as demonstram

Possibilidades ainda não aprimoradas

O que deveria ser melhorado?

Podemos regular as crenças?

Crenças são ideias ou representações internas que temos sobre determinado aspecto da realidade. Nós podemos manter crenças sobre uma infinita variedade de questões: desde nosso caráter ou nossas habilidades profissionais até a orientação de determinada escola, pública ou privada, e o papel atual das famílias na educação. Costumamos formar crenças a respeito das coisas pelas quais temos um interesse especial.

A origem das crenças tem que ver com a generalização de uma experiência, ou seja, uma crença aplica-se a todos os casos de um conjunto, apesar de ter sido formada por uma ou algumas experiências. Crenças são generalizações, às vezes acertadas e proveitosas, outras equivocadas e destrutivas. Por fim, é preciso lembrar que as crenças influenciam e, em algumas circunstâncias, até mesmo determinam o comportamento das pessoas: agimos segundo aquilo em que acreditamos. É exatamente por isso que vale a pena prestar atenção especial à regulação das crenças. E, no nosso caso, ao controle das crenças que temos a respeito do envolvimento da família na educação dos filhos. Faremos isso por meio de um conjunto de passos que nos ajudarão a examinar nossas crenças sobre o papel das famílias na educação.

1 Para começar, complete de várias maneiras a mesma frase. É evidente que as frases resultantes devem exprimir com sinceridade suas ideias sobre o papel desempenhado hoje pela família no mundo da educação.

» As famílias costumam_____ ☐
» As famílias costumam_____ ☐
» As famílias costumam_____ ☐
» As famílias costumam_____ ☐
» As famílias costumam_____ ☐
» As famílias costumam_____ ☐

2 As crenças podem ser verdadeiras ou falsas – e, na maioria das vezes, nem totalmente verdadeiras nem totalmente falsas –, porém agora não nos concentraremos nessa dicotomia, e sim em outra questão. Interessa-nos verificar se as crenças são positivas ou negativas, ou seja, se expressam uma ideia que ajudará a trazer melhorias ou que dificilmente contribuirá para isso. O que nos preocupa, portanto, é detectar ideias positivas e negativas, mais do que encontrar ideias verdadeiras ou falsas.

Coloque um sinal de mais (+) ou um sinal de menos (–) ao lado de cada uma das suas afirmações anteriores, conforme sejam ideias de natureza positiva ou negativa.

» Quantas crenças positivas você anotou?
» Quantas crenças negativas você anotou?
» Como você avalia a sua concepção sobre a família e a educação?

3 As crenças desencadeiam condutas. Portanto, as ideias que você anotou provavelmente influenciam sua conduta de maneira determinante. Lembre e anote quais condutas costumam estar relacionadas ao grupo de crenças positivas e ao de crenças negativas.

» Condutas desencadeadas por crenças positivas:

_____
_____
_____
_____
_____

» Condutas desencadeadas por crenças negativas:

_____
_____
_____
_____
_____

4 Provavelmente você poderá comprovar que as ideias positivas produzem condutas positivas, enquanto as ideias negativas produzem condutas negativas. Portanto, é conveniente encontrar o maior número possível de ideias positivas sobre determinado aspecto da realidade.

Ideias positivas talvez não sejam a verdade completa, mas são a parte da realidade que nos ajuda a gerar as condutas mais construtivas para todos os envolvidos. Por isso, como dissemos, é aconselhável gerar o máximo possível de ideias positivas. É exatamente o que estamos propondo a você: formule novas ideias – neste caso, positivas – sobre o papel que a família desempenha hoje no mundo da educação.

» **As famílias costumam** _____ ☐
» **As famílias costumam** _____ ☐
» **As famílias costumam** _____ ☐

5 Este exercício consiste em transferir o que foi feito, nos exercícios anteriores, para as famílias reais com as quais trabalhamos diariamente. Tente gerar e aplicar ideias positivas em cada caso concreto; esforce-se para ver o melhor lado que cada uma das famílias lhe mostra; repasse o que deve ser feito com base nas crenças positivas. Se da primeira vez você não se sair tão bem como gostaria, volte a tentar convencido de que é possível melhorar, mas ciente de que isso nem sempre acontece na primeira tentativa. Será eficaz colocar no papel as ideias positivas que você tem sobre uma família concreta com a qual trabalha, bem como uma previsão do tipo de comportamento que utilizará na sua relação com ela.

ATIVIDADE **11**

Colocar-se no lugar do outro

Não é possível reconhecer o outro sem se colocar no seu lugar. Se não podemos ver as coisas do seu ponto de vista, dificilmente poderemos dizer que o reconhecemos como pessoa. Estão certos aqueles que acreditam que tratar os outros humanamente consiste em tentar se colocar no seu lugar, compreender o seu íntimo, adotar por um momento o seu ponto de vista.

Como tantas outras capacidades pessoais, colocar-se no lugar de nossos interlocutores é um hábito que pode ser aprendido. Convidamos você a realizar o exercício de se colocar no lugar dos seus interlocutores, mas primeiro queremos propor uma breve reflexão com frases que têm de ser completadas ou perguntas que devem ser respondidas. Depois lembraremos algumas das atitudes que é preciso tomar para que seja possível se colocar no lugar dos outros. Complete ou responda:

» Conhecer os outros é...

» Para conhecer os outros é preciso...

» Conhecer os outros é um trabalho de...

» Você realmente acredita que é possível conhecer os outros?

» Conhecer os outros é difícil por...

» É fundamental conhecer os outros quando...

» Os mecanismos psicológicos colocados em jogo para conhecer os outros são...

» Qual é a diferença entre conhecer, entender e aceitar os outros?

» O que significa a expressão "conhecer a si mesmo"?

» Qual é a diferença entre conhecer a si mesmo e conhecer os outros?

Não existem receitas para se colocar no lugar dos outros. Essa é uma habilidade que você deve praticar sempre que puder. A seguir, indicamos alguns comportamentos que favorecem o entendimento dos outros pelo seu ponto de vista. Não se trata de fazer nada neste instante, mas de lembrar os passos que serão apresentados e tentar aplicá-los nas situações em que sejam necessários – em nosso caso, especialmente na relação com os alunos.

PASSOS PARA PROPORCIONAR O CONHECIMENTO DOS OUTROS	
1	Olhe com vontade de ver realmente a pessoa com quem fala.
2	Preste atenção a tudo que o outro expressa: como e o que ele diz.
3	Evitando os juízos de valor, imagine seus sentimentos, esforce-se para entender as ideias e as razões que ele apresenta, tente captar os valores que fundamentam seus posicionamentos.
4	Pense em como você pode demonstrar ao seu interlocutor que o entende e demonstre isso a ele.
5	Não dê por finalizado o esforço de compreendê-lo.

Seria muito bom se, de vez em quando, você parasse para pensar em que contribuições a aplicação desses passos traz para facilitar a compreensão dos outros. O ideal seria periodicamente anotar suas reflexões em um caderno. Essa é a melhor maneira de aprender.

Facilitar o diálogo

 *Este capítulo ajudará você a:*

▸ Distinguir o diálogo como método e como finalidade moral.

▸ Conhecer os elementos que intervêm em um processo dialógico.

▸ Saber qual é a repercussão do diálogo na formação da personalidade moral e na regulação da vida coletiva.

▸ Incorporar a prática da assembleia em sala de aula.

▸ Questionar suas crenças a respeito do diálogo.

▸ Conscientizar-se do seu próprio estilo docente e aperfeiçoá-lo.

O que significa facilitar o diálogo?

VIVER EM COMUNIDADE é viver falando. A convivência é sempre transpassada pela palavra, uma vez que, por meio da linguagem, é possível elaborar uma compreensão conjunta de tudo que afeta a coletividade e cada um dos seus membros. Isso acontece porque a linguagem facilita a construção de soluções para os conflitos ou de projetos comuns e também porque, dialogando, cada um se sente comprometido com aqueles com quem fala.

Do mesmo modo, a regulação da convivência escolar, o sentimento de fazer parte de um grupo, os projetos de trabalho, o sistema de relações na escola e, definitivamente, a vida na sala de aula encontram no diálogo o instrumento básico para se constituírem. Aí reside a importância de reinventar a aula como espaço para o diálogo e como lugar para tornar comunitário tudo que acontece e tudo que se quer empreender. Porém, colocar o diálogo no centro da vida coletiva requer, por parte dos professores, uma disposição coerente com o espírito democrático que está implícito nele e, por outro lado, a implantação de uma série de práticas que favoreçam o debate e o confronto de opiniões. Facilitar o diálogo quer dizer, no mínimo, incentivá-lo como método e finalidade moral.

O diálogo como método exige uma aprendizagem. Considerar um tema e debater seus diferentes pontos de vista obriga ao desenvolvimento de determinadas capacidades procedimentais, como: escutar, reconhecer os argumentos dos demais, confrontá-los com os próprios e elaborar mensagens claras. Aprender a dialogar supõe praticar os procedimentos dialógicos. Mas o diálogo também é uma finalidade moral. Os alunos não devem apenas dominá-lo como método, mas adquirir convicções profundas sobre o seu valor e sobre como utilizá-lo de maneira recorrente em situações controvertidas. Favorecer a tomada de consciência sobre o valor moral do diálogo também é objeto de intervenção educativa.

Por fim, para facilitar o diálogo é preciso reconhecer o protagonismo do grupo, pois dialogar consiste em abordar coletivamente questões significativas para os alunos, questões que podem ser muito controvertidas e sobre as quais se deve discutir com vontade de encontrar, juntos, a melhor compreensão.

A capacidade do adulto de gerar contraste de opiniões sobre situações cotidianas ou iniciar debates em torno de temas sociais relevantes será decisiva para instaurar o diálogo como o eixo estrutural da convivência na sala de aula.

O QUE SIGNIFICA FACILITAR O DIÁLOGO?	
DIÁLOGO COMO MÉTODO	» Aprender a dialogar usando a prática e a experiência.
DIÁLOGO COMO FINALIDADE MORAL	» Estar consciente do valor do diálogo. » Valorizar o diálogo como instrumento ideal para situações de controvérsia moral.
A COLETIVIDADE: PROTAGONISTA DO DIÁLOGO	» Considerar coletivamente as questões significativas para os membros do grupo.

Requisitos dos processos dialógicos

A DETERMINAÇÃO PARA CONSEGUIR, em sala de aula, o respeito à diversidade de opiniões, a fim de que todos possam se expressar livremente, exige a preocupação com a complexidade dos aspectos que interferem em um processo dialógico. E isso deve ser feito traduzindo as reflexões mais gerais em propostas de intervenção e atividades educativas. A função do professor como facilitador do diálogo requer, como já dissemos, certa sensibilidade para aproveitar as situações cotidianas e encaminhar debates com relação aos temas que, espontaneamente, aparecem no curso das atividades educativas. Porém, ao mesmo tempo, facilitar o diálogo requer também uma ação que garanta o trabalho sistemático dos elementos que se concretizam no exercício da palavra, do ato de escutar o outro e do confronto de opiniões. Tais elementos podem ter sua qualidade substancialmente aprimorada e nós os agrupamos em três núcleos: as atitudes pessoais, as condições formais do diálogo e os procedimentos morais implícitos.

» Ao falar em *atitudes pessoais*, referimo-nos à disposição que as pessoas têm quando participam de uma conversa. A finalidade é conseguir que os alunos tornem positivas suas atitudes, o que será fundamental para o sucesso do diálogo. Tais atitudes podem ser: manifestar uma disposição construtiva que ajude no entendimento e na busca de soluções para o problema considerado; esforçar-se para entender os pontos de vista dos demais e para expor com clareza os próprios; respeitar os interlocutores como pessoas, evitando a prepotência, o autoritarismo, a agressividade ou a coerção; respeitar a verdadeira intenção daquilo que é dito e se comprometer a realizar intervenções sinceras. Trata-se, enfim, de se envolver decidida e construtivamente no discurso dialógico, considerando as razões apresentadas por todos os participantes, expressando as próprias e modificando-as quando necessário.

» Um segundo núcleo de elementos centra sua atenção nas *condições formais que interferem no diálogo* e contribuem de maneira definitiva para sua precisão. Nesse sentido, é importante que, em debates e outras conversas que tenham lugar durante as aulas, sejam trabalhados aspectos como: a apresentação de informações pertinentes ao tema do debate; a estruturação ordenada dessas informações; a exposição clara; o respeito pela vez de o outro falar; a compreensão correta das colocações dos demais interlocutores; o confronto com os próprios pontos de vista.

» O terceiro núcleo destaca os *procedimentos morais implícitos* em qualquer intercâmbio dialógico. Se dialogar é uma atividade do pensamento pela qual se buscam razões para refletir em situações controvertidas, é preciso considerar que ferramentas morais estão em jogo: o *juízo* e a *compreensão*. O juízo traz a vontade de justiça e correção, o interesse pela formação de opiniões raciocinadas, objetivas e imparciais. A compreensão, por sua vez, complementa o juízo. Sem renunciar ao ideal de justiça que este reforça, ela ressalta a dependência da reflexão a respeito de situações contextuais. Quer reconhecer as particularidades das situações concretas e buscar a melhor solução para cada caso. Assim, favorecer o diálogo em sala de aula requer também intervenções pensadas para desenvolver nos alunos o juízo moral e a compreensão crítica da realidade.

ELEMENTOS QUE SE CRISTALIZAM NO DIÁLOGO	
ATITUDES PESSOAIS	» Manter uma atitude positiva e construtiva. » Esforçar-se para entender os outros. » Respeitar a verdadeira intenção. » Respeitar os interlocutores como pessoas. » Envolver-se pessoalmente no intercâmbio de razões.
CONDIÇÕES FORMAIS	» Trazer informação necessária e pertinente. » Estruturar a informação de maneira ordenada. » Expor os pontos de vista com clareza. » Compreender corretamente as intervenções dos outros.
PROCEDIMENTOS MORAIS IMPLÍCITOS. JUÍZO E COMPREENSÃO	» Criar razões objetivas e imparciais. » Reconhecer e compreender as particularidades de cada situação.

Acreditamos que uma ação docente comprometida em ajudar os alunos a aperfeiçoar progressivamente o intercâmbio dos seus pontos de vista não pode prescindir do trabalho sistemático nas três direções apontadas.

Diálogo e autonomia moral

As CAPACIDADES DIALÓGICAS são inerentes à personalidade moral e decisivas em seu processo de formação. Entre os motivos que podemos apresentar para justificar o vínculo entre diálogo e moral destacaremos dois. O primeiro refere-se aos *valores colocados em jogo no exercício do diálogo*. A prática dialógica contínua convida intensamente a se apropriar dos valores implícitos nesse procedimento. Dialogar de maneira correta significa estar disposto a escutar e reconhecer os pontos de vista dos demais envolvidos, renunciar aos próprios interesses e convicções em benefício do interesse coletivo quando necessário, comprometer-se na busca da verdade e da integridade, colaborar para chegar a um acordo justo e envolver-se ativamente na melhoria da compreensão mútua. Assim, a relevância do diálogo para a personalidade dos indivíduos requer o desenvolvimento de práticas educativas e de ações específicas que facilitem o exercício desses valores, favoreçam o aperfeiçoamento das capacidades dialógicas e, por fim, colaborem para formar cidadãos responsáveis e comprometidos.

O segundo motivo sustenta o estreito *vínculo entre a capacidade dialógica e a consciência autônoma*. Tem um comportamento autônomo aquele sujeito que, diante de um problema moral, se guia por critérios de consciência escolhidos livremente, resultantes de processos de diálogo e reflexão interna. Podemos dizer que, mais do que opiniões, crenças ou pontos de vista particulares dos diferentes envolvidos em um problema, a pessoa que age corretamente está disposta a se comprometer em um intercâmbio construtivo de razões. Dialogar respeitando o ponto de vista dos interlocutores, contribuindo com as próprias reflexões e se comprometendo na busca de soluções que possam ser aceitas por todos os envolvidos se transforma em um procedimento moral "universal", respeitoso para com a consciência moral autônoma de cada indivíduo.

Por fim, queremos destacar a importância das capacidades comunicativas nos meios escolares que se caracterizam por um elevado índice de diversidade cultural. Viver com outras pessoas significa conviver com maneiras totalmente diferentes de pensar e de entender a vida. *A escola não pode virar as costas para uma realidade que cresce continuamente. Ela tem de assumir como uma de suas prioridades a formação de pessoas abertas ao diálogo, capazes de expressar sua opinião e de escutar os demais com a intenção de encontrar soluções em comum acordo para todos os desafios apresentados pela realidade.*

A assembleia de classe

A ASSEMBLEIA DE CLASSE é um momento institucional organizado para que alunos e professores possam falar sobre temas que considerem interessantes para otimizar a convivência e o trabalho. Como reunião periódica coletiva, a assembleia assume diferentes funções. Nela, informações são transmitidas, situações são analisadas, a vida do grupo é organizada e decisões que afetam seus membros são tomadas. São funções desenvolvidas mediante a consideração de temas muito variados, reconhecidos pelo grupo como especialmente significativos. Entre os temas mais frequentes encontramos: problemas de convivência, questões vinculadas a aspectos acadêmicos, planejamento de atividades da classe ou da escola e informações fornecidas pelo professor, pelos alunos ou por colegas de outras turmas.

Com relação ao desenvolvimento prático da assembleia, podem ser distinguidos três momentos-chave:

» O *primeiro momento*, anterior à assembleia propriamente dita, consiste na sua *preparação*. Os alunos encarregados da assembleia, junto com o tutor do grupo, reúnem-se para preparar a pauta. Se a classe dispõe de algum tipo de sistema de coleta de propostas – mural ou caixa de sugestões, livro da assembleia, entre outros –, os encarregados selecionam e organizam as sugestões de seus colegas. Se isso não é possível, eles mesmos pensam e trazem temas para o debate. De qualquer forma, elaborar a ordem do dia é o objetivo desta fase.

» O *segundo momento,* o *debate,* é o núcleo da assembleia. Nele, os alunos manifestam seus pontos de vista acerca dos temas discutidos, confrontam-nos com as opiniões dos colegas e esforçam-se para resolver os conflitos e chegar a acordos nas situações em que isso seja necessário. A dinâmica habitual é: primeiro, quem fez a proposta apresenta sua visão a respeito dos fatos; em seguida, os envolvidos na situação expõem seus pontos de vista; posteriormente, o restante do grupo intervém. O grupo de alunos encarregados de conduzir a assembleia assume as seguintes funções: ler a pauta, lembrar os acordos estabelecidos na sessão anterior, introduzir cada tema, dirigir a ordem das falas, formular uma conclusão sobre cada tema discutido e escrever a ata da sessão, na qual são registrados os acordos firmados. A intervenção do professor centra-se basicamente em uma ajuda procedimental para a condução da assembleia e a orientação dos debates. Se ele acha que deve opinar, pede a palavra como qualquer membro do grupo.

» O *terceiro momento* é posterior à assembleia e refere-se à *aplicação e à continuidade dos acordos adotados pelo grupo.* Nessa fase, a ação do professor é fundamental para idealizar e colocar em ação recursos que facilitem a execução em cada caso concreto. Também é conveniente estabelecer mecanismos que ajudem a apresentar os acordos ao grupo. Nesse sentido, podem ser criadas comissões específicas para lembrar dos acordos e cuidar do seu cumprimento, fazendo uso do mural da classe ou da agenda individual, e avaliar sua execução ao longo do tempo em assembleias posteriores.

MOMENTOS DE UMA ASSEMBLEIA	
ANTES	» Os alunos encarregados, com o tutor, elaboram a pauta da assembleia.
DURANTE	» A pauta é lida. » Os temas propostos são discutidos. A pessoa que fez a proposta expõe os fatos; os diferentes envolvidos na situação apresentam seus pontos de vista; é aberta uma rodada de discussão em que todo mundo pode intervir. » São elaboradas as conclusões e estabelecidos os acordos.
DEPOIS	» São desenvolvidos recursos que facilitam o cumprimento dos acordos. » Podem ser nomeadas comissões responsáveis por lembrar os acordos durante a semana.

XUS MARTÍN GARCIA E JOSEP MARIA PUIG

O que eu penso sobre o diálogo?

Quando falamos de incentivar o diálogo, referimo-nos a muitas coisas. Às vezes, vemos o diálogo como um procedimento para melhorar a relação entre professores e alunos, ou entre os próprios alunos. Em outros casos, o diálogo é um método didático que permite superar as aulas expositivas e transformar a aprendizagem em um intercâmbio de pontos de vista que possibilite a construção de novas ideias e explicações. Finalmente, também já foi notado no diálogo um fator essencial da retidão moral: uma boa pessoa é aquela que, em situações de conflito, se dispõe a falar com todos os envolvidos com a intenção de se entender com eles e buscar uma boa solução para todos.

São diferentes lados do diálogo, que não nos impedem de indagar, de maneira geral, sobre a sua natureza. É justamente isso que propomos nesta atividade, que pode ajudá-los a esclarecer o que pensam sobre o diálogo. Complete ou responda:

» O diálogo é...

» O diálogo é positivo se...

» Que dificuldades costumamos encontrar quando queremos dialogar com alguém?

» Quando se dialoga, é preciso ser sincero? Por quê?

» O que você exigiria de uma pessoa para dialogar com ela?

» O que você teria de exigir de si mesmo?

» A finalidade do diálogo é...

» Existem estratégias que facilitam o diálogo? Quais?

» Pense em situações nas quais o diálogo tenha solucionado uma dificuldade.

» Pense em situações nas quais a falta de diálogo tenha prejudicado os envolvidos.

» Qual é a sua opinião sobre a afirmação "O diálogo é impossível. Sempre vence o mais forte"?

Autoscopia: preparação

Esta atividade e a seguinte têm como objetivo ajudar o professor a tomar consciência do próprio estilo docente e a otimizá-lo. Não se trata de imitar nenhum modelo – já que não há modelos ideais –, mas sim de melhorar o próprio.

Nossa proposta é que você analise sua forma de dar aulas – especialmente com relação ao estímulo do diálogo na classe – por meio da gravação em vídeo de uma de suas aulas.

Por que a autoscopia ou *videofeedback* é eficaz?

Dar aulas é fundamentalmente uma arte, um "saber fazer" que não se aprende em conferências nem com explicações, pelo menos não sendo esses recursos os únicos ou principais. Dar aulas só se aprende com a prática reflexiva.

Para melhorar um saber prático, é preciso colocar em funcionamento um mecanismo especial de aprendizagem: a tomada de consciência, que consiste em prestar intensa atenção a algo que queremos melhorar. Enxergar melhor facilita a modificação de tudo que acreditamos que possa ser otimizado.

O vídeo é um bom instrumento para a auto-observação e a tomada de consciência. Do mesmo modo que os microscópios e telescópios nos ajudam a ver coisas não observáveis a olho nu, o vídeo nos permite ver e analisar aspectos do nosso trabalho que não podem ser detectados sem essa ajuda. Todos nós sabemos como o vídeo permite que enxerguemos gradualmente, voltemos a olhar, possamos ver, pensar e falar ao mesmo tempo etc. É um magnífico sistema para aprimorar a capacidade de observação que pode nos ajudar a melhorar nossas aulas.

Como o exercício deve ser realizado?

O essencial do *videofeedback* consiste na gravação em vídeo de uma aula normal – ou várias –, que o professor poderá analisar posteriormente como lhe parecer mais oportuno. As etapas do *videofeedback* são:

» *Preparar a aula.* Antes da gravação, o professor deverá preparar a aula para conscientizar-se plenamente do que deseja conseguir. A temática, naturalmente, deve corresponder a cada classe.

» *Gravar.* Com a ajuda de um aluno ou outra pessoa, ou mesmo com a câmera em uma posição fixa, será gravada a aula.

» *Assistir e analisar.* Cada professor, sozinho ou com a ajuda de alguém, deverá assistir à gravação e analisá-la.

Como preparar a aula que será gravada?

Não é necessário nenhum procedimento especial para preparar a aula que você decidiu gravar. Na verdade, a preparação habitual de qualquer aula será suficiente. Não se trata de dar uma aula fora do normal, mas sim de poder ver uma das suas aulas habituais.

Porém, a fim de ajudá-lo a analisar a aula, são propostas algumas questões a seguir.

FICHA PARA A PREPARAÇÃO DA AULA QUE SERÁ GRAVADA

» Série:
» Disciplina:
» Número de alunos:
» Tema:
» Que objetivos quero alcançar com esta aula?
» Como devo conduzi-la para alcançar os objetivos previstos?
» Como poderei avaliar se a aula foi boa ou não?
» Os alunos estão preparados para esta aula?
» O que os alunos devem fazer durante esta aula?
» O que foi feito nas aulas anteriores e o que será feito nas posteriores?
» Terei de utilizar algum material?
» Em quais aspectos a aula que será gravada se parece com a maioria das aulas e o que é diferente ou específico?
» É preciso fazer algum comentário com relação a esta aula?

Autoscopia: análise

Tanto no caso de você observar a gravação da aula sozinho quanto no caso de ter o auxílio de alguém, pode usar a lista de questões reproduzida a seguir. É uma lista longa, mas não exaustiva: faltam algumas coisas, e determinados aspectos podem não ser de interesse para você neste momento. Aja com liberdade.

Ninguém nunca está suficientemente satisfeito com o que faz. Concordamos com isso, mas não mantenha seu foco apenas na crítica. É uma atitude errônea. É melhor para os seus alunos que você pense no que faz bem, que tome consciência disso e continue nesse caminho. Também pode ser bom se você detectar aspectos que possa e saiba melhorar no futuro. Concretize-os, se for possível, e anime-se!

Você pode usar esta lista de diferentes modos. Um, respondendo a cada uma das perguntas ou apenas àquelas que lhe pareçam mais interessantes; outro, usando as perguntas como elemento de reflexão para responder exclusivamente às questões que você encontrará no final.

FICHA PARA A OBSERVAÇÃO DA AULA GRAVADA

Apresentação e desenvolvimento da aula
» Os objetivos da aula estão claros?
» O tema da aula está claro?
» Os conteúdos (fatos e conceitos, procedimentos, valores e normas) estão claros?
» A sucessão das atividades que você quer propor na aula está clara?
» A relação entre objetivos, conteúdos e atividades de ensino e aprendizagem está clara?

» Você apresenta o tema que será tratado na aula?
» Explica os objetivos da aula?
» Define as relações entre o tema desta aula e o das precedentes?
» Faz uma apresentação geral do conteúdo da aula?

» Você apresenta as perguntas em uma ordem lógica?
» Enfatiza e relembra os pontos mais importantes da aula?

» Dá exemplos ilustrativos para os pontos mais abstratos?
» Mostra as relações entre os diferentes temas?
» Sintetiza e relembra os pontos mais importantes da aula?
» Tenta explicar de outra forma quando não é compreendido?
» Relaciona os temas tratados nesta aula com os das próximas?

» Você dá tempo suficiente durante a aula para que seja feito tudo que pede?
» Diz aos alunos o tempo que eles têm para fazer cada coisa?
» O tempo de cada aula é adequado?
» Você faz atividades diferentes para que os alunos não se aborreçam?
» As diferentes tarefas de uma aula estão bem relacionadas?
» Há atividades para possibilitar o domínio de cada um dos aspectos que você quer trabalhar?

Estilo pessoal e ferramentas de aula
» Você fala de maneira a poder ser ouvido, clara e suficientemente pausada?
» Como você utiliza a linguagem corporal (expressões faciais, movimentos das mãos, contato visual, uso do espaço etc.)?
» Que postura você adota durante a aula (fica de pé ou sentado, diante da classe ou em movimento etc.)?
» Você estabelece contato visual direto com os alunos durante a aula?
» Tem vícios na maneira de falar ou gesticular?
» Fala para toda a classe, para grupos particulares ou para alunos concretos?
» Utiliza o humor como recurso?
» Controla o grupo facilmente?
» Quais são as principais dificuldades que você tem para controlar o grupo?

Estratégias e materiais didáticos
» Você define claramente os conceitos e termos que apresenta?
» Dá exemplos, faz desenhos, mostra fotos ou explica casos e histórias para tornar os conceitos compreensíveis?
» Utiliza ideias anteriores para apresentar as novas e relaciona-as?
» Usa novas estratégias quando os alunos não entendem?

» Para em alguns momentos a fim de discutir os conceitos complicados?
» Explica em mais de um nível de dificuldade para que todos possam acompanhar?

» Utiliza a lousa?
» Faz esquemas para ajudá-lo nas explicações?
» Escreve clara e ordenadamente na lousa? Escreve demais? Tem boa caligrafia?
» Tem alguma estratégia para usar a lousa?

» Você faz uso de livro? De que tipo?
» Para que usa o livro?
» Como integra o livro e o conjunto da aula?
» Pede que os alunos consultem outros livros?
» Quando pede isso e com quais objetivos?

» Você usa vídeo, computador, internet ou outro meio?
» O que consegue com isso?
» Como introduz esse recurso nas aulas e como o utiliza?
» Como os alunos têm de usar tais recursos?

» Você distribui fotocópias?
» São fotocópias de qualidade?
» As fotocópias reproduzem páginas de livros ou você mesmo as prepara?
» Quando as entrega, por que faz isso e como as utiliza?

Diálogo, participação, atividades e experimentos
» Você faz perguntas para conhecer o nível dos alunos?
» Quando você explica, faz perguntas ao grupo ou a alguns alunos em particular?
» Você faz perguntas que incentivem os alunos a pensar?
» Intercala perguntas e esclarecimentos para ir compondo as explicações?
» Faz perguntas para verificar o que os alunos entenderam?
» Espera alguns instantes para que possam pensar?
» Reformula as perguntas quando é necessário?

» Avalia positivamente as respostas corretas?

» O que faz quando os alunos cometem erros?

» Como você facilita a participação dos alunos nas aulas?

» De que modo incentiva os alunos a formular perguntas?

» Aceita as perguntas dos alunos? Como responde a elas?

» O que você faz com as perguntas inesperadas?

» Você cria momentos de debate e discussão na aula?

» Monopoliza a palavra durante as aulas?

» Pede a participação de todos os alunos nos debates?

» Você usa alguma estratégia para que todo mundo possa dar sua opinião?

» Promove a discussão entre os próprios alunos?

» Por meio dos debates, é possível chegar ao conhecimento que você quer transmitir?

» Você usa o laboratório ou a oficina?

» Como são as aulas de laboratório ou oficina?

» Quais são as diferenças entre essas aulas e as aulas normais?

» Em suas aulas, os alunos precisam fazer alguma pesquisa?

» A aula observada faz parte de um projeto de trabalho?

» Você usa o trabalho em grupo e a aprendizagem cooperativa?

» Pode dizer a si mesmo que foi uma aula ativa?

Sobre a avaliação

» Você faz algum tipo de avaliação inicial?

» Que atividades de avaliação você aplica?

» Você devolve e comenta os resultados da avaliação?

» É possível dizer que você faz uma avaliação constante?

» Como faz isso?

» De que forma os alunos sabem sua opinião sobre eles?

» E como sabem o que precisam melhorar?

» Como você cria os exercícios de avaliação?

Se for útil para você, como dissemos antes, responda às seguintes perguntas:

» Que impressão geral você acredita que os alunos têm sobre o conteúdo, a metodologia e o estilo das suas aulas?
» Quais você acredita serem os aspectos mais positivos da aula que você gravou e acabou de assistir?
» Quais são suas sugestões para melhorar os recursos que costuma utilizar nas aulas?

O que deve ser feito?

Se realmente queremos contribuir com a educação dos alunos, é necessário dar a palavra a eles, deixá-los "meter o bedelho", permitir que argumentem e contra-argumentem. Quando transformamos a aula em um fórum, porém, podem surgir situações que nos incomodem. Qual deve ser o nosso comportamento se, imersos em um processo de diálogo, deparamos com opiniões das quais não compartilhamos sobre temas importantes? O que devemos fazer? E como colocar isso em prática? Você pode estudar a solução com o caso apresentado a seguir.[2]

2 Esse dilema pode ser encontrado, com pequenas modificações, na obra de J. Trilla (1992, p. 192-3).

Diante de novas manifestações de racismo no país, Maria, professora do 9º ano do Ensino Fundamental, acha que seria adequado abordar o tema em uma sessão de tutoria. Para isso, ela preparou uma atividade que contempla diferentes passos: coleta de informações da imprensa, elaboração de cartazes, debates com base em textos, exibição e discussão de um filme e alguma outra atividade. Em um dos debates, Jaime, um dos meninos mais inteligentes e dispostos a discutir do grupo, defende posturas muito próximas do racismo. Maria precisa comportar-se de maneira neutra nos debates, limitando-se a moderar e manter um clima dialógico e respeitoso. No entanto, nesse caso, começa a ter dúvidas, pois nota que Jaime, com sua habilidade dialética, está convencendo alguns de seus colegas que até há pouco tempo se opunham às suas colocações, não sobrando ao restante da turma argumentos para se opor ao racismo defendido pelo companheiro. O tempo da sessão de orientação está terminando.

» O que Maria deve fazer?

Além de ser necessário ter uma ideia clara do que precisa ser feito em situações parecidas, é fundamental pensar em como fazê-lo. Frequentemente, a forma como são feitas e ditas as coisas é tão importante quanto seu conteúdo. Dizer as coisas corretamente é um requisito básico para manter um clima favorável. Portanto, se você se encontrasse na mesma situação, imagine em detalhe como se comportaria.

» Faça uma lista das coisas que você faria e diria.
» Você já passou por alguma situação parecida? O que você fez? Sua maneira de proceder pode ser aprimorada? Em quais aspectos?

Regular a participação

Este capítulo ajudará você a:

▸ Conhecer as características pedagógicas que definem a participação dos alunos nas escolas.

▸ Distinguir os diferentes níveis de participação e as possibilidades que cada um deles oferece.

▸ Conscientizar-se da importância das práticas cooperativas para a formação moral dos alunos.

▸ Avaliar as funções em sala de aula como uma possibilidade favorável ao envolvimento dos alunos na escola.

▸ Analisar o estilo de participação que você incentiva entre os seus alunos.

▸ Refletir sobre o valor que você confere à participação na sua prática profissional.

As implicações da participação

As EXPERIÊNCIAS EDUCATIVAS que defendem a participação dos alunos na vida escolar questionam o papel que costuma ser conferido aos jovens: escutar e obedecer. O processo de aprendizagem, limitado durante muito tempo à transmissão oral da informação pelos adultos e a uma atitude obediente dos alunos, está se transformando, à luz dos ideais democráticos, em experiências de participação direta nos diferentes âmbitos de ação da comunidade escolar.

Participar significa envolver-se, fazer parte, intervir em uma atividade ou projeto. Não se pode participar no vazio. É preciso ter oportunidades concretas que facilitem e canalizem os interesses e o envolvimento pessoal. Por isso, é imprescindível que a instituição escolar coloque em ação instâncias de participação adaptadas às possibilidades reais dos diferentes membros da comunidade.

Por outro lado, a participação evoca situações de trabalho em comum, protagonizadas por grupos que compartilham responsabilidades e trabalhos. Há a participação "com o outro" e, assim, um ganho por meio do processo de reflexão, de diálogo e de ação. Intervir em um projeto requer o exercício da autonomia para a realização de tarefas reflexivas, o compromisso de considerar os interesses e argumentos de todos os envolvidos e, finalmente, o esforço para colocar em prática as ações previstas a fim de promover o que foi decidido. Nesse sentido, podemos dizer que a participação não é um princípio formal, mas está presente em intervenções que afetam alguns dos âmbitos de ação da instituição, como a gestão da escola, a elaboração de projetos, o trabalho acadêmico, a regulação da convivência etc.

Entre os elementos mais relevantes para incentivar a participação dos alunos na comunidade escolar, destaca-se o papel assumido pela equipe docente. Portanto, é imprescindível que os professores deem algum protagonismo aos alunos e deleguem a eles tudo que puderem, o que multiplica as possibilidades reais de envolvimento dos estudantes na dinâmica coletiva. Por outro lado, os adultos não podem se afastar do processo de aprendizagem, que requer sua participação. Eles são os responsáveis por motivar, acompanhar e orientar os alunos em sua trajetória. Aprender a participar é um exercício que não carece de dificuldades e resistências e para o qual é necessária a figura do adulto disposto a se comprometer com a formação de cidadãos responsáveis e democráticos.

A PARTICIPAÇÃO IMPLICA...	» envolver-se e fazer parte de uma atividade; » intervir em um projeto feito em colaboração com outros; » agir baseando-se na reflexão, no diálogo e na ação.
A INTERVENÇÃO DOCENTE QUE INCENTIVA A PARTICIPAÇÃO...	» dar protagonismo aos alunos, deixando nas mãos deles tudo que puder ser delegado; » motivar e orientar o processo de aprendizagem da participação.

As modalidades de participação

A PARTICIPAÇÃO, do mesmo modo que a maioria dos fenômenos educativos, é mais bem explicada como um processo que evolui com o tempo do que como um fato que se produz em determinado momento escolar. É possível participar de muitas maneiras e com diferentes níveis de envolvimento. Frequentemente, práticas participativas muito complexas têm sido antecedidas por outras mais discretas e simples. Nesse sentido, vale a pena destacar o valor de quaisquer intervenções destinadas a favorecer a participação dos alunos, ainda que pouco intensas. Também é proveitoso propor a participação como um ideal educacional que sempre pode ser aprimorado. Dado que a participação dos alunos pode tomar diversas formas, a seguir veremos quatro de suas modalidades: a *participação simples*, a *participação consultiva*, a *participação ativa* e a *metaparticipação* (Trilla e Novella, 2001).

» A **participação simples** é aquela na qual os alunos realizam uma atividade desenvolvida e proposta pelos adultos. Os alunos não decidem a atividade nem escolhem seu conteúdo, também não dirigem seu desenvolvimento nem têm a oportunidade de introduzir modificações ao longo de sua realização. A participação consiste basicamente em executar ações ou tarefas propostas pelos professores. No início, trata-se de um nível baixo de participação, embora a adequação da atividade aos interesses dos alunos possa gerar um envolvimento importante deles. Uma gincana escolar ou uma representação teatral dirigida por um professor são exemplos dessa primeira modalidade de participação.

» A **participação consultiva** inclui um novo elemento: os professores pedem a opinião dos alunos, incentivando-os a fazer propostas a respeito da atividade que está sendo organizada. O interesse das crianças é considerado pelos adultos no desenvolvimento do projeto, embora elas não intervenham de maneira direta. É evidente que essa consulta aos alunos varia bastante – pode-se levar sua opinião relativamente em conta ou sentir-se muito vinculado a ela –, porém, seja como for, a voz dos alunos será ouvida, e a intenção é que ela esteja presente na atividade. Exemplos desse nível de participação são as situações nas quais os professores pedem aos alunos propostas sobre os temas que gostariam de abordar na tutoria, sugestões para organizar um acontecimento na escola ou opinião para estabelecer a agenda semanal da classe.

» Na *participação ativa*, os alunos deixam de ser passivos para ser agentes do projeto. Já não se trata de envolver-se em uma atividade preparada pelos professores, mas de comprometer-se a fazer um projeto se tornar realidade do princípio ao fim. Trata-se de uma participação mais intensa, que exige mais do que as anteriores. O papel do professor também sofre mudanças significativas. Se até então sua tarefa consistia em desenvolver e organizar atividades, agora está centrada em facilitar o trabalho dos alunos, atendendo à complexidade acarretada pelas atividades próprias desse nível. Em alguns casos, ele deverá delegar aos alunos a preparação e o desenvolvimento da ação; em outros, propiciar a eles espaços e momentos para iniciar um projeto. Em certas ocasiões, será necessário que acompanhe de perto o trabalho dos alunos, incentivando-os a assumir progressivamente o protagonismo da atividade. Os projetos de pesquisa em sala de aula e a organização dos outros acontecimentos pelos alunos podem ser incluídos nessa terceira modalidade de participação.

» A *metaparticipação* é o mais alto nível de participação e o menos presente nas salas de aula. Nele, os próprios alunos pedem, exigem ou criam novos espaços de participação. Seu envolvimento é muito alto: eles têm plena consciência do porquê do projeto, sentem-se pessoalmente afetados por aquilo que reivindicam e sua capacidade de decisão é enorme, visto que são eles que administram a atividade. A intervenção dos adultos limita-se a ceder aos estudantes espaços importantes de gestão na dinâmica da instituição, incentivando-os e ajudando-os a consolidar suas iniciativas. As ações de grupos de alunos destinadas a reivindicar seus direitos perante a administração ou a protestar contra algo que consideram injusto enquadram-se nesse último nível de participação.

NÍVEIS DE PARTICIPAÇÃO	
PARTICIPAÇÃO SIMPLES	» O professor assume completamente a gestão e o desenvolvimento da atividade. » Os alunos realizam tarefas propostas pelos adultos.
PARTICIPAÇÃO CONSULTIVA	» O professor, depois de ouvir os interesses dos alunos, organiza a atividade. » Os alunos realizam as tarefas propostas pelos adultos.
PARTICIPAÇÃO ATIVA	» Os alunos intervêm na gestão e no desenvolvimento da atividade. » O professor facilita a ação dos alunos.
METAPARTICIPAÇÃO	» Os alunos assumem o protagonismo desde o início da atividade, exigindo e produzindo novos espaços de participação. » O professor fortalece as iniciativas dos alunos e cede a eles níveis de gestão em sala de aula.

A participação como experiência de educação moral

Só SE APRENDE A VIVER de forma democrática vivendo democraticamente. Esse é o mais poderoso argumento para defender a participação dos alunos na vida escolar. Os valores de igualdade, autonomia, liberdade, cooperação, solidariedade, participação e justiça, que costumam iluminar os ideários escolares, são aprendidos de fato à medida que os alunos têm a oportunidade de percebê-los na organização do trabalho e na convivência dentro da instituição. Participar da vida escolar, junto com os iguais e tendo a colaboração dos adultos, é uma experiência de educação moral insubstituível, pois permite que os sujeitos se comprometam e assumam responsabilidades na dinâmica coletiva. A melhor maneira de aprender a conviver democraticamente é envolver-se de verdade na regulação das relações, dos dinamismos grupais e dos conflitos que, inevitavelmente, aparecem em qualquer coletividade. Para favorecer experiências diretas de participação, a escola tem ao seu alcance diferentes possibilidades que podem ser agrupadas ao redor de dois núcleos de intervenção: desenvolvimento de práticas morais e transformação em uma comunidade democrática.

As práticas morais são atividades regulares, instauradas na própria dinâmica da escola, que expressam valores e se desenvolvem de maneira cooperativa. De naturezas diferentes, elas convidam a participar de forma ativa da vida da coletividade. Assim, é possível se referir à aprendizagem (o trabalho em grupo ou os projetos finais), à convivência (a realização de assembleias de alunos ou a criação das equipes de mediadores de conflitos) ou à animação sociocultural* (a organização de festas ou atividades esportivas). De qualquer forma, o que se pede ao aluno é uma atitude de envolvimento e responsabilidade, e o que se oferece a ele é uma situação de trabalho coletivo.

Se as práticas morais são experiências de participação intensas mas pontuais, fazer da escola uma comunidade democrática é uma aspiração de caráter global. Escola democrática é aquela que sabe se organizar a fim de estimular a participação de todos os envolvidos, porque reconhece seus membros como protagonistas da vida institucional, atendendo aos diferentes aspectos que confluem para:

» as relações interpessoais baseadas no respeito e na confiança;
» o funcionamento de canais de informação ágeis e eficazes;
» a abundância de práticas morais;
» o uso do diálogo como procedimento essencial para a convivência.

Expor-se a um clima moral com tais características tem consequências importantes para a formação da personalidade moral, com relação tanto à aquisição de valores quanto ao desenvolvimento das capacidades necessárias para enfrentar os desafios do cotidiano. Definitivamente, é um modo de promover o senso de civilidade entre os alunos e prepará-los para participar como cidadãos.

* "A animação sociocultural é um conjunto de práticas sociais que têm como finalidade estimular a iniciativa, bem como a participação das comunidades no processo do seu próprio desenvolvimento e na dinâmica global da vida sociopolítica em que estão integrados" (Unesco). Disponível em: <http://www.apdasc.com/pt/index.php?option=com_content&task=view&id=32&ltemid=76>. Acesso em nov. 2009. (N. R. T)

As funções em sala de aula

ENTRE OS RECURSOS de que a escola dispõe para favorecer a participação dos alunos, destacam-se as funções em sala de aula e na instituição, uma prática pensada para agilizar a gestão da vida coletiva. A distribuição de tarefas necessárias ao bom funcionamento do trabalho escolar e da convivência possibilita o envolvimento direto de todos os membros do grupo na dinâmica geral, que exige deles um serviço para a comunidade e os convida a assumir responsabilidades perante os colegas. Visto que, frequentemente, as funções são assumidas por um grupo de alunos, o trabalho cooperativo e a responsabilidade compartilhada são elementos fundamentais nesse recurso, que, em diferentes intensidades, está presente em muitas escolas.

As funções concretizam-se em trabalhos individuais ou coletivos de diferente duração, estando permanentemente presentes na vida escolar. Algumas funções passam a fazer parte da rotina da sala de aula – controle de presença, assembleia de classe, representante, material, equipe de mediação –, enquanto outros são mais pontuais, como zelar pelo cumprimento de determinados acordos, fazer propostas para comemorar um acontecimento, ajudar os companheiros em tarefas de aprendizagem etc.

O nível de participação dos alunos em sala de aula está diretamente relacionado com as possibilidades que eles têm para propor a realização de trabalhos concretos, a respeito dos quais devem responder aos companheiros e ao professor. Por isso, é importante destinar um tempo no horário semanal da turma para que as funções possam ser distribuídas, exercidas e avaliadas.

Entre as funções de máxima responsabilidade está a de representante de classe. Apesar de suas tarefas variarem substancialmente de uma escola para outra, há algumas que podem lhe ser consideradas próprias, devendo ser garantidas com a finalidade de dar relevância a ele no dia a dia da classe. São elas:

» representar o grupo em diferentes instâncias escolares;
» exercer a função de porta-voz dos colegas, o que implica conhecer as opiniões, propostas e críticas do grupo e fazê-las chegar às pessoas ou órgãos correspondentes;
» zelar pelos interesses do grupo e pelo cumprimento das decisões coletivas;
» assumir as tarefas internas que lhe sejam atribuídas, como controlar a presença ou atualizar o mural.

Escrever sobre a participação em sala de aula

Escrever um diário e utilizá-lo para refletir sobre a própria prática profissional é uma ferramenta formativa agradável e fácil de usar. Além disso, é útil porque permite ver melhor o que é produzido na sala de aula, facilita a reflexão sobre o que acontece e, finalmente, pode incentivar a adoção de novas atitudes.

Escrever um diário é uma tarefa tão básica que pode ser aplicada a qualquer tema. No entanto, incluímos essa atividade no capítulo destinado à participação dos alunos porque nos parece especialmente apropriada para abordá-la. Porém, a tarefa de escrever um diário pode ser aplicada a muitas outras temáticas. Na realidade, pode ser aplicada a todas as questões abordadas neste livro. Se você achar conveniente, escreva sempre que quiser observar um aspecto do seu trabalho como professor que o esteja preocupando e tenha vontade de aprimorar.

Aqui propomos que escreva um diário para ajudá-lo a refletir sobre a participação dos alunos em sala de aula, tanto com relação à aquisição de conhecimentos quanto à convivência ou à organização das atividades. Em síntese, que escreva sobre a participação em qualquer âmbito da vida na sala de aula e na escola. Talvez você já tenha um tema concreto que lhe preocupe e no qual queira concentrar sua escrita. Caso não tenha, pode tentar escrever simplesmente para ter mais consciência do nível de participação dos seus alunos, do modo como eles participam e com que frequência. À medida que for prosseguindo, você poderá direcionar sua análise aos temas que mais o interessarem.

Concentre-se durante algum tempo em escrever o diário. Um mês pode ser suficiente, mas você também pode se dedicar mais tempo a isso ou, considerando as limitações envolvidas, menos tempo. Porém, é conveniente saber por quanto tempo se comprometerá com essa atividade. Adiante, propomos um procedimento e conselhos para realizá-la. Se você for disciplinado e o procedimento funcionar para você, pode aplicá-lo a outra questão. Lembre dos cinco momentos essenciais do processo:

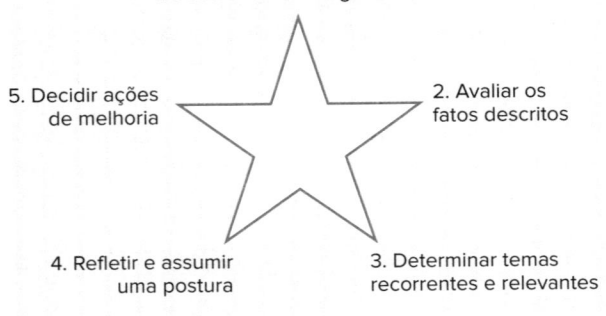

1. Descrever fatos significativos

5. Decidir ações de melhoria

2. Avaliar os fatos descritos

4. Refletir e assumir uma postura

3. Determinar temas recorrentes e relevantes

	PROCEDIMENTO E CONSELHOS PARA ESCREVER UM DIÁRIO	
1	Ter um tema e tempo	Decida sobre o que você quer escrever, preste atenção a tudo que acontece na sala de aula, tome notas breves sobre o ambiente para ajudá-lo a se lembrar e reserve um momento para escrever e pensar.
2	Como escrever?	Em um caderno, escreva apenas na face direita da folha, deixando a esquerda para fazer anotações posteriores. Dedique-se a escrever pelo menos três vezes por semana e pense que vale mais escrever pouco e sempre do que escrever muito mas quase nunca.
3	Descrever fatos	Descreva fatos, histórias e incidentes relativos à participação dos alunos na sala de aula. Esforce-se para salientar coisas importantes que frequentemente passam despercebidas e descreva-as com detalhes.
4	Fazer avaliações	Diferencie as descrições das avaliações e dos comentários pessoais. Uma linha vertical à esquerda do parágrafo pode indicar que se trata de uma opinião, e não de uma descrição. Vale a pena distinguir e usar essas duas classes de registros complementares.

(continua)

5	Determinar temas	De vez em quando, revise o que escreveu com a intenção de detectar temas recorrentes ou questões que o tenham surpreendido ou interessado de forma especial. Trata-se de transformar os fatos e as avaliações em temáticas sobre as quais seja possível refletir de maneira mais geral.
6	Refletir	Reserve algum tempo para refletir e anotar o que você pensa sobre os temas selecionados. Se puder compartilhar algum momento do processo, especialmente esse, com outras pessoas, com certeza sairá ganhando.
7	Decidir	Além de observar a rotina da sala de aula, escrever e refletir, decida se pode melhorar algum aspecto e o que é preciso fazer para isso.

ATIVIDADE 17

Como é a participação dos meus alunos?[3]

Avaliar a participação dos alunos nas aulas e na escola é uma tarefa complexa, por diversos motivos. Um dos mais relevantes, entretanto, refere-se à quantidade de aspectos envolvidos nos processos participativos.

A atividade seguinte solicita que você avalie perguntas relacionadas à participação dos alunos. Fazendo isso, você poderá perceber e considerar alguns dos muitos aspectos envolvidos nessa participação.

Após avaliar os diferentes itens, é conveniente pensar no que deve ser feito para melhorar os resultados cuja pontuação tenha sido mais baixa,

3 Esta atividade utiliza uma análise de Galcerán (2000) a respeito dos processos participativos.

refletindo se é necessário acrescentar algo para avaliar melhor a participação dos seus alunos.

1 Atribua valores de 1 a 5 a cada variável, de acordo com a seguinte classificação:

1 = Nada
2 = Pouco
3 = Suficiente
4 = Bastante
5 = Muito

Como é a participação dos meus alunos?	1	2	3	4	5
Os alunos participam ativamente do trabalho que realizamos nas aulas?					
Participam da regulação da convivência?					
Colaboram na organização de festas e atividades de animação sociocultural?					
Participam em nível pessoal?					
Participam de pequenos grupos?					
Participam de sessões conjuntas do grupo-classe?					
Participam da rotina escolar?					
Participam da criação das atividades?					
Participam da decisão das atividades?					
Participam da preparação das atividades?					
Participam da realização das atividades?					
Participam da avaliação das atividades?					
Atuam de maneira informal ou espontânea?					
Atuam de maneira formal ou organizada?					

2 Em quais aspectos você acredita que a participação dos seus alunos poderia melhorar?

_____

_____

_____

_____

3 Você gostaria de acrescentar algo sobre a participação dos seus alunos?

_____

_____

_____

_____

ATIVIDADE **18**

Três livros e cinco ideias

1 Imagine que você esteja se preparando para atuar, por um longo período, como professor em um país pouco desenvolvido, no qual não seja possível encontrar os livros de referência para realizar o trabalho que o aguarda. Como a companhia aérea com a qual viajará limita o peso da bagagem, você não poderá levar muita coisa. Portanto, com relação à temática deste livro (valores, autoconhecimento, participação, trabalhos em grupo etc.), você decidiu escolher os três livros profissionais a que dá mais valor e considera fundamentais para desempenhar seu trabalho corretamente. Que livros você levaria e por que motivos faria isso?

Título do livro:
Autor:
Por que você o levaria?

(continua)

(continuação)

Título do livro:
Autor:
Por que você o levaria?

Título do livro:
Autor:
Por que você o levaria?

2 Apresente cinco ideias pedagógicas desses livros com as quais você concorde.

1 _____
2 _____
3 _____
4 _____
5 _____

Pontos de vista

O objetivo desta atividade é apresentar algumas ideias sobre a participação, saber de você até que ponto está de acordo com elas e, sobretudo, sugerir-lhe que desenvolva o que pensa com base naquilo expresso em cada parágrafo. Pode ser uma boa ocasião para organizar seu pensamento a respeito dessa temática – e quem tem clareza sobre o que pensa costuma agir melhor ou de maneira mais coerente.

As afirmações a seguir reúnem ideias de diversos autores, porém não diremos quem são eles para não influenciar seu pensamento. O exercício deve começar com uma boa leitura pausada de cada frase, seguida de um momento para refletir com calma sobre ela, outro para avaliar seu nível de concordância com cada afirmação e, finalmente, todo o tempo de que você precisar para organizar seu pensamento.

Pode-se avaliar a intensidade com que você concorda com cada afirmação conforme os seguintes parâmetros:

1 = Não concordo
2 = Concordo parcialmente
3 = Concordo bastante
4 = Concordo totalmente

AFIRMAÇÕES	PONTUAÇÃO (de 1 a 4)
Incentivar a participação significa dar protagonismo: é preciso deixar nas mãos dos alunos tudo que for possível.	
No entanto, preciso dizer que...	

(continua)

(continuação)

AFIRMAÇÕES	PONTUAÇÃO (de 1 a 4)
Ninguém nasce sabendo participar: no primeiro dia não se sabe. Participar é um conteúdo que se aprende aos poucos. É preciso motivar e orientar a participação.	
No entanto, preciso dizer que...	
Participação é a atitude de deixar espaço na relação pessoal e desenvolver atividades que permitam fazer parte dela.	
No entanto, preciso dizer que...	
Participar não é só deixar os alunos fazerem coisas nem estar sempre aberto apenas à sua opinião. Participar é envolvê-los na vida acadêmica por meio da palavra e da ação cooperativa. Participar, na escola, é dialogar e realizar projetos.	
No entanto, preciso dizer que...	
Antes de participar realmente em sala de aula, os alunos precisam assimilar algumas habilidades que lhes permitam fazer coisas por eles mesmos com responsabilidade e eficácia.	
No entanto, preciso dizer que...	

Trabalhar em equipe

Este capítulo ajudará você a:

▸ Avaliar as possibilidades do trabalho cooperativo ao enfrentar situações cotidianas na sala de aula.

▸ Analisar os elementos que interferem na criação e na consolidação de equipes de trabalho.

▸ Elaborar com seus colegas de trabalho uma proposta para coordenar a educação em valores na escola.

▸ Conhecer as habilidades pessoais que facilitam o trabalho em equipe.

▸ Analisar temas escolares de diferentes pontos de vista.

O trabalho em equipe, uma exigência da tarefa educativa

O TRABALHO EM EQUIPE transformou o panorama da gestão e da atividade profissional durante as últimas décadas. Com base em âmbitos tão diferentes como o esporte, o ensino, a medicina, a empresa ou o cinema, evidencia-se a necessidade de abordar os desafios profissionais por meio de contribuições complementares que ajudem a entender a complexidade proposta por cada realidade. As soluções unilaterais entraram em crise para dar espaço a tratamentos interdisciplinares originados do diálogo entre pessoas e grupos com capacidades e conhecimentos diversos.

Nas instituições educacionais, uma série de mudanças fez do trabalho em equipe uma necessidade que vai além do estilo pessoal no trabalho docente. A presença de diferentes profissionais em uma mesma escola – assistentes sociais, pessoal da enfermaria, psicólogos, pedagogos ou educadores sociais[*] –, assim como a conveniência de estabelecer critérios comuns para orientar a atividade educacional, intensificou o trabalho cooperativo entre os educadores.

Mas trabalhar em equipe não se limita a reunir-se com maior frequência nem a aumentar o número de reuniões semanais. Trabalhar de maneira conjunta engloba uma série de exigências que facilitam dinâmicas eficientes e mostram as vantagens dessa nova forma de enfrentar a educação de crianças e adolescentes. Algumas dessas exigências são:

---

[*] Os educadores sociais atuam em espaços informais e não formais de educação. Trata-se de uma profissão existente na maior parte dos países europeus. (N. R. T.)

» a definição de um objetivo comum que permita aglutinar interesses diversos e esclarecer as finalidades da equipe;

» a responsabilidade e a coerência diante dos métodos de trabalho estabelecidos em função dos objetivos do grupo;

» a complementaridade na contribuição dos participantes;

» as relações de confiança que possibilitam um bom clima de trabalho.

VANTAGENS DO TRABALHO EM EQUIPE NA ESCOLA

Formação continuada e intensificação da aprendizagem profissional.

Intervenções mais gerais e atentas a cada situação particular.

Enriquecimento do trabalho pessoal com base na contribuição dos colegas. Ninguém é obrigado a saber tudo.

Compartilhamento das responsabilidades, bem como dos aborrecimentos e das preocupações.

Aumento da reflexão e da análise coletiva com relação à prática educativa.

Ampliação da sensação de pertencimento à escola.

Os requisitos do trabalho em equipe

A CRIAÇÃO E A CONSOLIDAÇÃO do trabalho em equipe requerem a abordagem de uma série de questões – organizacionais, pedagógicas ou de relação interpessoal – que possibilitem a eficácia do trabalho e a estabilidade da equipe. Na sequência, destacamos algumas especialmente significativas.

» *Elaboração de um projeto em equipe.* Embora a intenção dos trabalhos em equipe seja enfrentar conjuntamente uma temática ou procurar uma solução para determinado aspecto da realidade, no início é preciso destinar tempo para: expor a preocupação que ocasionou a reunião da equipe; compartilhar as expectativas de todos os membros; socializar os interesses individuais; priorizar alguns objetivos; entrar em acordo quanto ao trabalho que se quer empreender, especificando o que se espera de cada um dos participantes.

» *Instauração de um ambiente de trabalho.* As equipes necessitam de uma série de aspectos formais que as tornem possíveis e permitam um funcionamento ágil. Atitudes simples, como o compromisso de comparecer com frequência ou estabelecer um calendário de reuniões, ajudam a criar uma rotina que facilita a dinâmica do grupo. Do mesmo modo, a elaboração de planos de trabalho, nos quais sejam determinadas as tarefas de cada membro do grupo, em função de seus conhecimentos e possibilidades, contribui para que todos encontrem seu lugar na equipe e estejam vinculados ao projeto coletivo. Assim, os aspectos organizacionais têm de estimular o trabalho cooperativo e, ao mesmo tempo, respeitar a autonomia individual.

» *Formação de uma equipe equilibrada.* A formação de equipes de trabalho em uma escola costuma ser sinal de dinamismo e preocupação com a formação e a inovação docente. Às vezes, as equipes surgem espontaneamente devido a interesses compartilhados por diferentes membros da instituição. Em outras ocasiões, é necessária a intervenção de alguém – um membro da comissão diretora ou outro docente – capaz de aglutinar interesses diversos e procurar projetos suficientemente amplos para estabelecer relação entre as distintas preocupações. Qualquer que seja a forma de iniciar um trabalho em equipe, é importante que esta não tenha um número excessivo de pessoas. O tamanho da equipe deve permitir gestão ágil, conhecimento mútuo e envolvimento real de todos os participantes.

» *Incorporação de novos membros à equipe.* Com frequência, as diferenças geracionais ou a incorporação de novos membros acarreta certo desequilíbrio para o trabalho em equipe e pode até colocar em questão suas finalidades originais. Compatibilizar a tradição e a inovação é uma tarefa nem sempre fácil de ser colocada em prática. Assim, prever a socialização das pessoas que chegam a uma equipe e atender os novos professores é um trabalho necessário e muito proveitoso para qualquer escola. Por outro lado, é preciso manter o estímulo às iniciativas pessoais de inovação, que caracterizam o trabalho cooperativo, por meio do qual também se beneficiam os novos professores de uma equipe.

» *Inclusão da prática reflexiva na atividade das equipes de trabalho.* Apesar de o objetivo da maioria das equipes de trabalho ser desenvolver intervenções específicas que possibilitem a otimização de alguns aspectos da escola, é necessário estabelecer mecanismos que garantam ações de qualidade e freiem o ativismo que costuma ser provocado pelas urgências do dia a dia. O trabalho em equipe é uma oportunidade para refletir sobre práticas e problemas profissionais, portanto precisa incluir momentos para a conscientização, a crítica e a reflexão coletiva. Estabelecer espaços de discussão coletiva permite regular a atividade do grupo e introduzir as modificações necessárias durante o processo de intervenção.

» *Enfrentamento de conflitos.* Qualquer dinâmica coletiva traz conflitos profissionais e pessoais entre seus membros. Contar com esses conflitos e não ignorá-los é a primeira condição para evitar que eles assumam um peso excessivo ou alterem o trabalho e a convivência da equipe. Incorporar o tratamento conjunto dos conflitos à dinâmica de trabalho estimula a comunicação entre o corpo docente, não só a respeito de conflitos pessoais, mas também de preocupações e mal-estares que frequentemente têm origem na sala de aula. Por outro lado, fazer parte de uma equipe também requer aprender a relacionar-se com pessoas de personalidades diferentes. O conhecimento mútuo ajuda a prever alguns conflitos e tirar proveito das divergências. Por último, ter respeito pelos demais, certo nível de tolerância, senso de humor e capacidade para relativizar alguns temas são aspectos pessoais muito valiosos para administrar os conflitos.

HABILIDADES PESSOAIS QUE FACILITAM O TRABALHO EM EQUIPE

Disposição para mudar de opinião quando necessário.

Capacidade para relativizar algumas discrepâncias na equipe.

Reconhecer quando os outros sabem mais sobre determinados temas.

Expressar assertividade nas ideias.

Saber pedir ajuda sem se desvalorizar por isso.

Direcionar as críticas às ideias, e não às pessoas.

Usar o conhecimento mútuo em benefício do trabalho em equipe.

A coerência e o respeito pela diversidade

UM DOS PRINCÍPIOS mais compartilhados entre os professores é a necessidade de estabelecer critérios que tragam coerência para a atuação de todos os profissionais envolvidos com a escola. No programa de ação da instituição, é feito um esforço para reunir os ideais pedagógicos que orientarão a prática cotidiana e a formação dos alunos. Entende-se que projetos sólidos permitem orientar a intervenção de maneira mais eficaz, priorizando os aspectos considerados fundamentais e deixando em segundo plano outros menos relevantes com relação aos objetivos que se pretende alcançar.

Por outro lado, o corpo docente também aposta em uma educação atenta à diversidade e ao respeito para com a diferença. É necessário que, tanto nas escolas como em outras instituições educacionais, os alunos sejam formados em valores como respeito e tolerância e seja propiciado o conhecimento de diferentes culturas e posicionamentos ideológicos diante de fatos socialmente controvertidos. Essa preocupação deve ser abordada no currículo escolar, especialmente em áreas como tutoria e educação para a cidadania, bem como nos temas transversais. Dentre as funções assumidas pela escola, é enfatizada a formação de cidadãos democráticos capazes de participar de sociedades plurais.

Coerência nas mensagens e atenção à diversidade são princípios educacionais que, se levados ao extremo, se tornam antagônicos; mas a realidade escolar mostra que precisam um do outro e se retroalimentam, evitando os riscos que podem gerar separadamente. Assim, um excesso de coerência pode resultar em práticas educacionais doutrinadoras, que são excessivamente simples e empobrecem a formação dos alunos. Do mesmo modo, uma intervenção acolhedora da diversidade, mas pouco definida com relação aos seus objetivos educacionais, também é inadequada para o desenvolvimento dos alunos. O equilíbrio necessário entre coerência nos critérios que orientam a ação docente e atenção à diversidade somente pode ser abordado mediante intervenções que respeitem a autonomia pessoal e sejam comprometidas com projetos coletivos. Nesse sentido, o trabalho em equipe passa a ser uma possibilidade excepcional. O trabalho cooperativo entre os docentes é imprescindível para estabelecer critérios que permitam orientar a prática educacional, afora o estilo pessoal de cada professor. É necessário que os projetos produzidos na escola desfrutem do máximo consenso entre os profissionais que darão início a eles, assim como que todos os participantes se sintam pessoalmente responsáveis pelas decisões coletivas. Porém, ao mesmo tempo, também é importante que a equipe não sufoque as individualidades nem ignore as diferenças ideológicas ou profissionais de seus membros. O trabalho em equipe complementa os pontos de vista e possibilita acordos compartilhados.

Coordenar a educação em valores na escola

Entre os trabalhos compartilhados pelos professores de uma escola, destaca-se a formação em valores dos alunos. Embora a aprendizagem vinculada aos conteúdos específicos de uma disciplina seja atribuída aos seus especialistas ou professores, o aspecto formativo é uma responsabilidade do conjunto da equipe docente. A responsabilidade compartilhada não significa, no entanto, que todo mundo tenha as mesmas tarefas, tampouco implica o relaxamento dos professores, confiando que um trabalho feito por todos se faz sozinho. De qualquer maneira, apostar em uma educação eficaz e significativa em valores requer um trabalho de equipe docente que estabeleça momentos e espaços de intervenção, delegando responsabilidades específicas e coordenando as ações colocadas em prática.

O trabalho em equipe destinado a elaborar uma proposta escolar que garanta uma educação em valores ativa deve chegar a acordos mínimos que sejam respeitados por todos os professores; ao mesmo tempo, deve deixar uma margem de atuação ampla para que cada professor tenha autonomia suficiente em sua intervenção. O trabalho em equipe tem como objetivo estabelecer prioridades, definir espaços e momentos de intervenção e distribuir trabalhos concretos.

Entre as possibilidades de trabalhar a educação em valores que estão ao alcance de qualquer escola e deveriam ser consideradas pela equipe docente, encontramos, no mínimo, os seguintes espaços:

» *Educação para a cidadania.* A disciplina, ministrada em algumas escolas de Ensino Fundamental e Médio, permite a aquisição sistemática de conhecimentos relevantes, além do desenvolvimento de capacidades pessoais necessárias para formar cidadãos.

» *Orientação pedagógica.* Especificar quais funções são outorgadas à tutoria, como espaço fundamental de educação em valores, reconhecendo suas diferentes dimensões: trabalho em sala de aula com o grupo; acolhimento, acompanhamento e ajuda individual de cada aluno; regulação e dinamização da vida coletiva.

» *Temas transversais.* Estabelecer os conteúdos de cada matéria que tratam de valores. Considerar temáticas transversais significativas e determinar em quais espaços serão trabalhadas (de maneira interdisciplinar, em uma só disciplina ou de outras formas).

» *Conteúdos atitudinais de todas as áreas.* Os professores responsáveis pelas diferentes matérias devem divulgar quais conteúdos de valor trabalharão.

» *Cultura escolar.* A escola é um elemento fundamental da educação em valores. Por isso, é preciso criar uma cultura que preencha os alunos de valores. Estabelecer espaços de participação, de encontro com as famílias, de conhecimento entre alunos de diferentes séries etc. é um aspecto que precisa ser decidido pelo conjunto de professores.

» *Práticas de cidadania.* Implantar programas de aprendizagem em serviço* junto à comunidade é um modo de oferecer experiências significativas que preparem para o exercício da cidadania. Elas permitem que os alunos se envolvam em um serviço para a comunidade, complementado com atividades de aprendizagem escolar. Essa é uma das melhores dinâmicas de formação pessoal e educação cívica.

•

* A aprendizagem em serviço é uma estratégia pedagógica pela qual os estudantes adquirem uma compreensão melhor do conteúdo acadêmico, aplicando competências e conhecimentos em benefício da sociedade. Vale ressaltar que o conceito de aprendizagem em serviço não tem como princípio converter as instituições educativas em outras assistenciais, mas sim adotar o protagonismo do estudante para oferecer um serviço solidário e eficaz à comunidade, visando sempre sua formação. Objetiva, ainda, desenvolver no estudante a sensibilidade ante os problemas da comunidade, promovendo o desenvolvimento de atividades de respeito, pluralismo, solidariedade e responsabilidade social. (N. R. T.)

Pausa para refletir[4]

Esta atividade se encaixaria em quase todos os capítulos deste livro. O que pretendemos trabalhar aqui (o hábito de estar consciente do próprio comportamento) é útil em qualquer situação relacional – e todos os capítulos, com exceção do primeiro, fazem referência a tarefas educativas que envolvem relações interpessoais ou grupais. Portanto, ela é apropriada em uma infinidade de situações formativas.

A "pausa para refletir" é uma atividade de tomada de consciência aplicada com certa frequência. Aqui, simplesmente queremos ajudá-lo a ver os passos envolvidos, assim como facilitar a aquisição do hábito de aplicá-los.

Esta atividade ensina a deter por um instante o curso dos fatos, a fim de refletir sobre o próprio comportamento ou, ainda melhor, refletir sem que os fatos precisem ser interrompidos por completo. Normalmente, ela deve ser aplicada em situações de tensão, conflito, dificuldade ou desorientação. O objetivo é perceber o que estamos fazendo, realizar uma avaliação rápida e modificar nosso comportamento se nos parecer oportuno. É uma atividade que agora explicaremos cuidadosamente, mas que é importante aprender a aplicar de maneira rápida em qualquer situação. Pode ser executada com a utilização de papel, lápis e todo o tempo que quisermos, porém sua utilidade é maximizada quando se sobrepõe temporalmente aos fatos sobre os quais necessitamos refletir. O título mais adequado para esta atividade seria: "Agir e refletir simultaneamente".

A atividade é composta por três momentos. Leia-os com atenção e familiarize-se com eles até memorizar as perguntas norteadoras.

1	Você se dá conta de que está em uma situação complicada, diante da qual não sabe o que fazer, não tem certeza de estar se comportando de forma correta ou não sabe se realmente está fazendo o que deseja.

4 Adaptado do livro de Senge (1995, p. 226-8).

2	Faça-se, mental e rapidamente, as seguintes perguntas: » Aqui e agora, o que está acontecendo? » E eu, o que estou fazendo? O que estou sentindo? O que estou pensando? » O que eu quero que aconteça, ou o que eu quero conseguir? » O que eu estou fazendo que impeça ou dificulte isso?
3	Respire, tranquilize-se e faça o que acha mais adequado.

Imaginemos como a atividade se aplicaria a uma situação hipotética:

Estamos discutindo há quase uma hora. A reunião estendeu--se, ainda restam muitos temas a ser tratados e o clima ficou tenso. O debate começou quando tentamos decidir o que fazer com um aluno problemático e reincidente: suspendê--lo por alguns dias (a posição de alguns professores) ou simplesmente, como eu e alguns colegas preferimos, adverti--lo e impor como castigo que destine a hora do intervalo a ajudar nas tarefas da biblioteca. O debate já tratou das diversas maneiras de entender a educação e está se aproximando das desqualificações pessoais. É um bom momento para fazer a atividade de "pausa para refletir".

» *Aqui e agora, o que está acontecendo?*
Entramos em um debate agressivo, que coloca em risco as relações entre o corpo docente.

» *E eu, o que estou fazendo? O que estou sentindo? O que estou pensando?*
Estou intervindo com raiva, porque dediquei muitas horas a esse aluno e sinto que meu trabalho está sendo questionado e não serviu para nada.

> » *O que eu quero que aconteça, ou o que eu quero conseguir?*
> Além do que eu quero, há muitas coisas que não quero. Por exemplo, não quero brigar com meus colegas de trabalho, alongar inutilmente a reunião, ter de falar com a direção sem um acordo. E gostaria que o trabalho realizado com esse aluno fosse reconhecido e, sobretudo, que ele percebesse que pensamos nele além da possibilidade de expulsá-lo.
>
> » *O que eu estou fazendo que impeça ou dificulte isso?*
> O pior de tudo é deixar-me levar pela emoção, atacar meus colegas de trabalho, ficar nervoso...

Isso pode ser suficiente para mudar o tom das intervenções, reorientar o objetivo do debate, ter uma oportunidade de se abrir com seus colegas e explicar-lhes que se sente questionado, porque se dedicou muito a esse aluno, tentar procurar uma solução que agrade a todos. Muitas vezes, o simples fato de olhar a situação de fora por um instante é suficiente para melhorá-la.

❶ Antes de se aventurar na aplicação deste método em tempo real, propomos que você faça um teste escrito tendo por base uma situação recente da qual se lembre.

1	De que situação se trata?

2	Responda às seguintes perguntas:
	» Aqui e agora, o que está acontecendo?
	» E eu, o que estou fazendo? O que estou sentindo? O que estou pensando?
	» O que eu quero que aconteça, ou o que eu quero conseguir?
	» O que eu estou fazendo que impeça ou dificulte isso?
3	O que eu quero fazer?

2 Agora você está plenamente apto para aplicar esta estratégia de tomada de consciência em todas as situações em que isso seja necessário. Tente fazê-lo sempre que possível, adote-a como um hábito e avalie, de vez em quando, se está aplicando-a com suficiente frequência e quais os resultados obtidos. Tente melhorar sem perder o ânimo.

O que significa "cooperação"?

Propomos que você analise, de diferentes perspectivas, o conceito de "cooperação". Dissemos, em páginas anteriores, que esse valor configura a base do trabalho em equipe. Agora, queremos oferecer o máximo de conteúdo a esse respeito. Ter clareza sobre o conceito não assegura que se vá trabalhar mais facilmente em equipe; mesmo assim, pode ser de grande ajuda.

A atividade a seguir pretende analisar o termo em profundidade. Para fazê-lo com base em uma primeira aproximação conceitual, propomos que você responda às perguntas que orientam cada um dos tópicos. Realizar esta atividade permitirá que você tenha uma ideia mais completa do conceito de cooperação.

> **Cooperação:** é a ação de participar com os demais da realização de uma obra em comum.

» *Exemplos.* Em quais situações esse valor é importante? Você se lembra de situações concretas nas quais ele tenha tido papel relevante na vida de um grupo?

» *Valores similares.* Que outros termos têm um significado parecido? Quando uma pessoa manifesta esse valor, provavelmente também manifestará outros: quais?

» *Valores em conflito.* Que contravalor é o oposto? Que contravalor seria dominante se o valor que analisamos não estivesse presente?

» *Benefícios.* Por que esse valor é bom? Quais benefícios consegue a pessoa que o manifesta? Quais benefícios a coletividade onde ele é exercido pode extrair?

» *Limitações.* O que poderia acontecer com um excesso desse valor? Em que circunstâncias as pessoas expressam desaprovação diante dele?

Visões e pontos de vista

Egocentrismo é uma das principais dificuldades do trabalho em equipe. Em um sentido amplo e coloquial, chamamos de egocentrismo a tendência de ver as coisas de uma única posição, que normalmente é aquela que cada pessoa defende como própria. Essa falta de flexibilidade prejudica gravemente o trabalho em grupo. Para melhorar o trabalho coletivo, é preciso desenvolver a habilidade de se colocar em diferentes posições. É necessário aprender a olhar, pensar e sentir de diversas perspectivas. Isso não obriga ninguém a modificar sua própria opinião, tampouco a adotar uma opinião diferente a cada momento. Significa simplesmente que somos capazes de ver as coisas da nossa perspectiva e também da perspectiva dos demais, ou seja, colocar-nos no lugar de todos os envolvidos. A qualidade do trabalho em equipe é aprimorada quando seus membros são capazes de tratar com uma visão mais flexível os temas que os afetam.

Para treinar esta habilidade, propomos alguns exercícios complementares.

Os seis chapéus[5]

NESTA ATIVIDADE, a proposta é que você adote, sucessivamente, seis pontos de vista ou atitudes diversas diante de determinado tema: seis chapéus de cores diferentes, que se referem a distintas atitudes ou formas de enfrentar um problema. Ver as coisas com olhares distintos enriquece as soluções e treina a flexibilidade.

A atividade pode ser desenvolvida individualmente e por escrito, mas também em grupo e de maneira oral. Neste último caso, os membros do grupo pensam sobre o problema, colocando os chapéus e trocando-os, simultânea e sucessivamente. Portanto, mais do que os membros do grupo discutirem, trata-se de observarem ao mesmo tempo um problema, com a mesma atitude, a qual vão transformando.

Com base em todas as visões, será possível chegar a uma posição melhor para o grupo. Porém, quais são os seis chapéus ou maneiras de ver uma questão?

---

5 Esta atividade é adaptada de uma proposta de De Bono (1995).

OS SEIS CHAPÉUS	
Chapéu branco Objetividade	Quando se adota esta postura, pode-se contribuir somente com informações averiguáveis. Não é o momento de expor opiniões, desejos ou ideias, apenas de falar sobre os dados a respeito do tema submetido à consideração.
Chapéu vermelho Emoção	Com este chapéu, falamos das emoções que sentimos diante do tema, do que gostaríamos que acontecesse, de dúvidas, medos, angústias. Aqui devemos nos ater somente ao que o coração diz, que não deve ser negado nem discutido.
Chapéu preto Pessimismo	Sem cometer excessos, é o momento de ser negativo, de ver os perigos, imaginar o pior. Deve-se pensar somente no que pode nos acontecer de ruim.
Chapéu amarelo Otimismo	Este é o momento de ser positivo, ver o lado bom das coisas, as vantagens, imaginar coisas agradáveis que possam acontecer. Deve-se pensar que tudo dará certo.
Chapéu verde Criatividade	Nesta posição, é preciso imaginar o maior número possível de ideias criativas. Devem-se procurar alternativas e fazer propostas, que não serão criticadas neste momento. Aqui só se tem permissão para ser original, visando resolver o tema que está em debate.
Chapéu azul Síntese e plano de ação	O último ponto de vista faz uso de tudo que foi pensado até agora, a fim de criar alternativas, decidir qual delas nos parece mais adequada e pensar em um plano para aplicá-la. Neste momento, é adequada apenas a vontade de encontrar uma solução acertada e possível para o tema apresentado.

Agora você já está apto para definir um problema e anotar como o vê com base em cada um dos chapéus.

OS SEIS CHAPÉUS	
Chapéu branco Objetividade	
Chapéu vermelho Emoção	
Chapéu preto Pessimismo	
Chapéu amarelo Otimismo	
Chapéu verde Criatividade	
Chapéu azul Síntese e plano de ação	

Colocar-se no lugar do outro

ESTA ATIVIDADE também exercita a capacidade de adotar diferentes visões e pontos de vista. No entanto, deve-se assumir a posição das diversas pessoas envolvidas no tema considerado. Portanto, não se trata de mudar de atitude, mas de mudar de ponto de vista pessoal. É necessário colocar-se no lugar de cada um dos envolvidos, observando as coisas de seu ponto de vista. Após o término desta atividade, será possível ver coisas que antes não éramos capazes de perceber.

PROBLEMA E PROTAGONISTAS	
Tema em debate: Envolvidos: *Eu mesmo*	
OLHARES	
Envolvidos	**Pontos de vista**
Qual é o meu ponto de vista?	
Posso acrescentar algo ao meu ponto de vista?	

Equipes docentes eficazes

A qualidade de uma escola depende, em grande parte, da eficácia do trabalho de sua equipe docente. E esta é eficaz se consegue atingir um alto nível no seguinte conjunto de variáveis que caracterizam seu funcionamento: clareza de objetivos, fluidez na comunicação e na participação, distribuição de poder entre seus membros, habilidade para tomar decisões, disposição para tratar conflitos internos, coesão e boa relação interpessoal e, por fim, capacidade para avaliar e inovar. Dada a importância de tais variáveis, pedimos que você pense e avalie o nível da sua equipe docente em cada uma delas. Depois dessa avaliação, é conveniente que você pense o que deve ser feito para melhorar os resultados das que obtiveram uma pontuação mais baixa.

Atribua valores de 1 a 5 a cada variável, de acordo com a seguinte classificação:

1 = Nada
2 = Pouco
3 = Suficiente
4 = Bastante
5 = Muito

VARIÁVEIS DAS EQUIPES DOCENTES EFICAZES	1	2	3	4	5
As tarefas que precisam ser enfrentadas pela equipe docente costumam estar claras.					
É fácil expressar ideias livremente e fazer propostas nas reuniões da equipe docente.					
Todo mundo participa e contribui nos debates, com pontos de vista, e nos momentos de trabalho, com dedicação.					
Os temas são analisados de maneira ordenada, e as decisões são tomadas com clareza.					
A tomada de decisões é baseada na discussão e no acordo.					
As decisões adotadas são aplicadas com determinação.					
Os conflitos que surgem entre os membros da equipe docente podem ser discutidos.					
A coordenação e a liderança da equipe docente funcionam corretamente.					
A equipe docente tem a confiança da direção da escola.					
Os temas são abordados e solucionados sem ser prolongados excessivamente.					
Existe incentivo para inovar e mudar a maneira de fazer as coisas.					

Fazer escola

Este capítulo ajudará você a:

▸ Conscientizar-se da importância das iniciativas individuais para a melhoria de uma escola.

▸ Conhecer os elementos que configuram a cultura moral de uma escola, bem como as práticas que permitem trabalhar cada um deles.

▸ Diferenciar as características das comunidades democráticas e avaliar sua influência na formação moral dos alunos.

▸ Refletir sobre a importância da família na educação das crianças e conhecer os recursos para favorecer seu envolvimento na escola.

Fazer uma escola melhor

É IMPOSSÍVEL LISTAR as atividades diárias de uma escola. O trabalho da direção e dos professores, as intervenções dos tutores com relação a cada aluno e cada família, as medidas colocadas em prática pela administração, os esforços da equipe da cozinha e/ou lanchonete para se adaptar às necessidades dos diferentes grupos, as atividades realizadas pelos alunos, a ação das famílias e a colaboração de profissionais chamados para intervenções pontuais são apenas alguns exemplos que deixam clara a complexidade e variedade do trabalho realizado em uma escola. Apesar dessa aparente dispersão de tarefas, todas se voltam de maneira mais ou menos direta para a mesma direção: fazer uma escola melhor.

Com a expressão "fazer escola", referimo-nos a um conjunto de elementos que permitem empreender um projeto coletivo que avança mediante contribuições individuais. Portanto, "fazer escola" refere-se a:

» atitudes pessoais envolvidas no aprimoramento escolar;
» convivência baseada no respeito e no conhecimento mútuo;
» disposição para se unir a outros a fim de colaborar em ações pontuais;
» sentir-se bem na instituição.

É um processo dinâmico e sempre inacabado, que, conforme se consolida, permite à escola se envolver de maneira continuada em processos de otimização e aprimoramento.

Embora todos os processos e setores escolares tenham sua parcela de responsabilidade na construção de um projeto comum, acreditamos que a equipe de direção deve assumir o papel de liderança. Por ser a principal responsável pela escola, sua visão global e suas funções específicas colocam-na em uma situação privilegiada para incentivar medidas concretas. Acreditamos que algumas delas permitem fazer que os projetos escolares avancem e a coletividade ganhe dinamismo. São as seguintes:

» Favorecer a vida associativa com o objetivo de intensificar a sensação de pertencimento. Incorporar a família ao cotidiano escolar é um dos desafios atuais mais urgentes.

» Estimular a participação de todos e desenvolver práticas concretas para incentivar os diferentes setores – alunos, professores, outros profissionais e famílias – a envolver-se na dinâmica comum.

» Incorporar mecanismos para canalizar, de maneira ágil, a informação entre os professores, os alunos e a família. Este elemento é fundamental na hora de estimular a participação.

» Favorecer a tomada de decisões coletivas pelos professores, de modo que todos se sintam comprometidos com as medidas a ser implementadas com relação às questões de caráter geral a toda a comunidade.

» Estabelecer um sistema de reuniões entre o corpo docente que potencialize o trabalho em equipe e garanta a comunicação e o intercâmbio entre diferentes níveis educativos.

» Conhecer os serviços e entidades do bairro que possam ser de interesse para a escola e estabelecer relações de colaboração quando necessário.

Evidentemente, cada escola deverá decidir quais estratégias são mais adequadas para a sua realidade. Porém, além das diferenças entre umas e outras, "fazer escola" requer sempre processos de participação e projetos de inovação que melhorem a oferta educativa da escola.

O que é cultura moral?

CULTURA MORAL refere-se aos elementos presentes na organização, na dinâmica e no estilo de relações de uma escola. São práticas, metodologias didáticas, recursos pedagógicos e valores compartilhados que, progressivamente, se definem no interior da instituição. Apesar da singularidade de cada realidade concreta, a cultura moral de qualquer escola tem de favorecer o crescimento integral das crianças e dar resposta às necessidades e aos desafios propostos em seu contexto. Cultura moral é, portanto, o resultado de tudo que é produzido em uma comunidade educacional.

A multiplicidade que configura a cultura moral da escola dificulta uma descrição exaustiva. Ainda assim, há núcleos que permitem que nos aproximemos de sua complexidade e, com isso, consigamos reunir alguns dos elementos que a definem, por exemplo as relações interpessoais, as rotinas e normas escolares, as tarefas curriculares e as atividades institucionais.

» **As relações interpessoais** na escola são criadas com base nas interações estabelecidas por alunos, professores, outros profissionais e famílias. A maneira como se desenvolvem tais relações e os valores cristalizados em cada uma delas definem em grande parte o estilo de convivência de uma escola, uma convivência continuamente atravessada por intercâmbios afetivos entre seus protagonistas. Assim, os encontros entre iguais ou entre adultos e jovens são um elemento primordial da cultura moral, que permitem estabelecer vínculos pessoais imprescindíveis para sentir-se membro da coletividade e envolver-se em tudo aquilo que ajuda a fazer a escola.

» *As rotinas e normas escolares* têm a função de regular a vida social. Graças a elas, muitos fatos cotidianos são resolvidos com grande eficácia. A rotina pauta a conduta das pessoas em situações frequentes. Quando os alunos a incorporam à sua ação, a dinâmica escolar é mais ágil. Por outro lado, as normas escolares facilitam a convivência. Por meio da norma, cada comunidade fortalece maneiras de fazer, prevê condutas indesejadas e corrige comportamentos incorretos. O conteúdo das normas vigentes em uma escola, a participação dos alunos em sua formulação, os processos seguidos para defini-las, bem como para abordar as infrações, e as maneiras de a escola divulgá-las fazem parte da cultura moral.

» *As tarefas curriculares* ocupam grande parte do tempo que os alunos passam na escola. Habitualmente, são atividades realizadas em sala de aula e previamente preparadas pelos professores. Enquanto os trabalhos e as tarefas são feitos, os alunos aprendem conteúdos, desenvolvem capacidades, adquirem valores e interagem com colegas e professores. As formas de organizar o trabalho dos alunos – cooperativa, por projetos, individual, entre outras – incluem valores e convidam a desenvolver algumas habilidades. Porém, as atividades acadêmicas não esgotam o leque de trabalhos feitos em classe. Paralelamente ao desenvolvimento do currículo, em sala de aula são abordadas questões socialmente controvertidas e discutidos conflitos do próprio grupo, com o intuito de resolvê-los. O conjunto de atividades e dinâmicas de trabalho, o tratamento de temas e conteúdos trabalhados em cada classe têm efeitos muito significativos na formação dos alunos, sendo um núcleo importante na definição da cultura moral da escola.

» *As atividades institucionais,* feitas na esfera escolar, costumam apresentar importantes níveis de complexidade e enfatizar aspectos relacionais e de valores acima das tarefas estritamente acadêmicas. Com frequência, as atividades institucionais trabalham diversos aspectos ao mesmo tempo e são organizadas com a intenção explícita de criar espaços de comunicação e favorecer o conhecimento entre os diferentes membros da comunidade. As festas, os eventos culturais, os campeonatos esportivos ou as excursões são alguns exemplos. São, em geral, atividades com forte carga vivencial que geram estados de ânimo positivos e apontam diretamente para a criação da cultura moral na escola.

Os núcleos em torno dos quais é definida a cultura moral estão presentes em qualquer instituição. Em todas as escolas são estabelecidas relações interpessoais entre os membros, funcionam diversas normas, são realizadas tarefas curriculares e produzidas atividades institucionais. O que muda na cultura moral de diferentes escolas é o modo como esses núcleos ganham forma e contaminam a vida cotidiana. Quanto mais práticas são para fortalecer cada um desses núcleos, mais possibilidades há de criar comunidades democráticas de aprendizagem e convivência, com um clima moral que favoreça o sentido de pertencimento ao coletivo e estimule os membros a se envolver no projeto comum de construir a escola.

NÚCLEOS DA CULTURA MORAL	
RELAÇÕES INTERPESSOAIS	Intercâmbios afetivos entre os diferentes membros da escola
ROTINAS E NORMAS ESCOLARES	Princípios que facilitam a convivência escolar
TAREFAS CURRICULARES	Tratamento de temas e de maneiras de organizar o trabalho em cada classe
ATIVIDADES INSTITUCIONAIS	Atividades institucionais e complexas que têm o objetivo de favorecer o intercâmbio e a comunicação entre os membros da comunidade

A influência moral das comunidades democráticas

MUITO DO QUE REALMENTE influencia do ponto de vista moral não é realizado deliberadamente como um ato moral nem programado com antecipação pelos educadores. Na escola, há espaços desenvolvidos para favorecer a aquisição de valores e atitudes virtuosas pelos alunos, porém há muitas situações de grande potencial do ponto de vista moral que não foram planejadas para cumprir tal função. São situações nas quais os alunos aprendem e se formam pelo simples fato de participarem e estarem imersos em determinado ambiente. Por tudo isso, dizemos que os efeitos que o meio escolar tem na construção da personalidade de cada aluno são especialmente significativos e que vale a pena pensar a respeito da questão moral sobre a instituição escolar em sua totalidade.

Conseguir uma escola com potencial para promover a formação moral significa assumir dois grandes desafios: contribuir com o bem-estar dos alunos e garantir um clima de liberdade respeitoso para com as diferentes maneiras de ser e pensar. Acreditamos que a construção de comunidades democráticas possibilita a abordagem eficaz desse tema.

A escola como comunidade

PARA QUE A ESCOLA seja uma comunidade, é preciso fazer dela um espaço que ofereça a seus membros propostas coerentes voltadas para a conquista de determinados objetivos. A identidade de cada comunidade é traduzida em suas relações, atividades e dinâmicas de convivência, rotinas de funcionamento e comemorações. As finalidades perseguidas se cristalizam de diversas maneiras em todas essas práticas, e quem participa delas é contagiado pelas características próprias do ambiente de cada uma. A moral, mais do que ser aprendida, é incorporada por osmose. A abundância de práticas coerentes e sua repetição facilitam a imersão em um conjunto de valores exercitados de maneira natural, frequentemente com pouca consciência.

Por outro lado, a comunidade responde às necessidades de relacionamento dos seus membros, o que contribui para o seu bem-estar moral. A escola, como comunidade, garante a segurança dos alunos e passa a ser não apenas um lugar de trabalho, mas também um espaço de encontro pessoal, um lugar agradável em que seus membros se sentem à vontade, são aceitos e participam de projetos que reforçam o ideal coletivo.

A escola como comunidade democrática

PARA QUE UMA ESCOLA se converta em um espaço de educação moral, não é suficiente criar uma comunidade rica em práticas morais coerentes, que destaquem valores definidos. Uma ênfase excessiva nas questões coletivas pode acarretar perigos, por exemplo a limitação da liberdade individual ou a falta de exercício da autonomia. Uma personalidade madura é aquela que desenvolveu uma consciência autônoma, com capacidade para autorregular a própria conduta e tomar decisões em função de critérios aceitos livremente. Por esse motivo, uma comunidade comprometida com a formação moral dos indivíduos é necessariamente uma comunidade democrática. As comunidades democráticas não só definem trajetórias de valor, mas também incorporam, ao mesmo tempo, práticas de reflexão destinadas a favorecer o autoconhecimento e práticas de deliberação orientadas para a busca de argumentos racionais. São comunidades que promovem o exercício da crítica, reconhecem o direito individual de discordar do grupo e incentivam seus membros a ir além da comunidade.

Quando uma escola é capaz de encontrar o equilíbrio entre o ideal comunitário e o ideal democrático, ela está apta para contribuir significativamente com a formação moral de seus alunos.

	A ESCOLA COMO COMUNIDADE DEMOCRÁTICA
COMUNIDADE	• É um sistema de práticas coerentes orientadas para a aquisição de valores. • Acentua a coletividade como referente moral. • É um espaço agradável que garante o bem-estar moral de seus membros.
COMUNIDADE DEMOCRÁTICA	• Incorpora práticas de reflexão e de deliberação. • É aberta para o exercício da capacidade crítica. • É respeitosa para com a liberdade individual e o direito de ser você mesmo.

Favorecer a participação das famílias na escola

A PARTICIPAÇÃO DAS FAMÍLIAS na escola é um dos mais importantes desafios apresentados ao sistema educativo. Apesar de pesquisas demonstrarem que o envolvimento dos pais na dinâmica escolar representa um benefício para a própria instituição, é difícil criar uma cultura docente comprometida com o desenvolvimento de planos destinados a estimular a participação dos pais. Frequentemente, o esforço da equipe educativa para aproximar os pais da escola centra-se demais em solicitar sua presença em eventos pontuais. Porém, a presença das famílias na escola permite outras possibilidades, que devem ser colocadas em prática imediatamente.

São muitos os resultados positivos do envolvimento das famílias na escola, e não devemos continuar a ignorá-los. Para exemplificar, podemos citar alguns:

» Quando as famílias sabem o que é feito na escola, costumam colaborar.

» Sua presença na sala de aula melhora a autoestima dos alunos.

» A participação dos pais na aprendizagem das crianças afeta seu rendimento de maneira positiva.

» A comunicação entre a família e a escola é fundamental para diminuir as taxas de ausência e evasão escolar.

Esses e outros exemplos mostram que a participação das famílias é um elemento educativo de qualidade. Com o objetivo de incentivar o envolvimento dos pais na escola, alguns professores colocaram em prática diferentes iniciativas. Na sequência, destacamos as quatro que consideramos mais importantes.

Conhecer o ambiente em que vive a família dos alunos

O ponto de partida para favorecer a presença dos pais na escola é a conscientização de que eles não se envolvem sozinhos. É necessário buscar as famílias, em vez de esperar que elas se incorporem espontaneamente à dinâmica escolar. O conhecimento de seu ambiente social é essencial para entendê-las e aproximá-las da escola, e pode ser obtido mediante contatos com profissionais que trabalham em entidades de bairro e estejam em contato com essa população: médicos, assistentes sociais, monitores de acampamentos, professores de escolas de jovens e adultos (EJA), apenas para citar alguns exemplos. Estabelecer relações de confiança com todos eles e compartilhar informações é essencial para conhecer aspectos significativos dos alunos que não costumam ser obtidos em entrevistas escolares com sua família.

Também é preciso considerar a diversidade de famílias que compartilham a mesma escola e prestar especial atenção àquelas provenientes de comunidades culturais e linguísticas minoritárias, que frequentemente se sentem excluídas das decisões tomadas na escola.

Melhorar a comunicação com os pais dos alunos

Comunicar-se regularmente com as famílias é uma forma eficaz de fazer que os pais se comprometam com a escola. É comum que os contatos sejam intensificados quando o aluno tem problemas ou apresenta baixo rendimento, porém as famílias também necessitam de encontros nos quais sejam reconhecidos o valor do seu filho e os esforços feitos para ajudá-lo. Cada professor – bem como a equipe docente em conjunto – deveria desenvolver estratégias para comunicar-se mais frequentemente com a família dos alunos.

Às vezes, intervenções simples dão resultados satisfatórios. Por exemplo, estabelecer um momento diário para cumprimentar os pais na entrada ou na saída da aula, manter o horário de entrevistas flexível – adaptando-se ao horário de trabalho dos pais –, programar um calendário de entrevistas com cada família, ou telefonar aos pais para comentar algum aspecto relevante da evolução do seu filho.

Outras vezes, são necessárias medidas que requerem mais organização; nesse caso, convém que haja um consenso prévio entre todo o corpo docente. São iniciativas como: criar boletins informativos para os pais conhecerem o que é feito na escola; convidá-los para ir à sala de aula e explicar seus conhecimentos a respeito de determinado tema; pedir que acompanhem as atividades realizadas fora da escola; visitá-los no trabalho para que ensinem seu ofício; filmar os alunos e preparar encontros com os pais para mostrar o trabalho de classe; organizar comemorações e abrir a escola para atividades culturais dirigidas a toda a comunidade. Enfim, o objetivo de tais medidas é multiplicar as possibilidades para que os pais se envolvam no cotidiano escolar.

Oferecer ajuda às famílias mais necessitadas

Além da diversidade de famílias existentes em uma escola e da maneira como cada uma delas aborda a educação, é preciso reconhecer o desejo que todos os pais têm de que os filhos tenham sucesso na vida. Partir desse pressuposto pode ajudar a reduzir a desconfiança de algumas famílias nos encontros com os professores. Por outro lado, esforçar-se para conhecer os motivos, as circunstâncias, os hábitos ou as tradições por trás da maneira de agir de cada família permite estabelecer relações de confiança e colaboração, a fim de possibilitar as ações coordenadas entre escola e família.

Às vezes, as famílias não se sentem aptas para apoiar a aprendizagem de seus filhos. O baixo nível cultural de algumas, a situação precária na qual outras vivem ou as barreiras culturais existentes entre diferentes grupos diminuem a confiança dos pais em suas possibilidades, cabendo aos professores ajudá-los a recuperá-la. Para isso, terão de trabalhar pelo menos em dois sentidos: respeitar e valorizar determinadas práticas instauradas em cada núcleo familiar e sugerir ferramentas para que os pais ajudem os filhos a estudar em casa. Partir das possibilidades reais de cada família é essencial para encontrar recursos factíveis que estimulem os pais a se envolver na aprendizagem dos filhos.

Reconhecer a importância da participação das famílias

Incorporar as famílias à dinâmica escolar é um processo que requer tempo e dedicação. As possibilidades são variadas, e cada escola deve decidir quais lhe são mais adequadas. Além de ser um processo demorado, é necessário abordá-lo coletivamente. Nesse sentido, é preciso que os professores favoreçam a participação das famílias na escola, conversem entre si, compartilhem experiências e resultados e pensem em novas estratégias. Como em muitas outras questões, pode ser de grande ajuda um curso que permita aprender a respeito das barreiras culturais e linguísticas que frequentemente impedem a participação dos pais na escola. A conscientização sobre os recursos que a escola disponibiliza para trabalhar o tema é o ponto de partida para desenvolver coletivamente projetos complexos que outorguem aos pais um papel mais relevante na educação dos filhos.

·

Resolução de conflitos

Uma parcela da arte de fazer escola é conseguir que impere um clima de bem-estar e disciplina nas escolas, facilitando a aprendizagem e a convivência. Todo mundo sabe o que significa *bem-estar*, mas temos mais dificuldades para lembrar o que entendemos por *disciplina*. Aqui, o termo "disciplina" é entendido como aceitação e respeito a um conjunto de normas convencionais que permitem a um grupo de pessoas trabalhar e conviver. O atrativo da disciplina está no fato de que tanto a aceitação quanto o respeito pelas normas não devem se basear na imposição dos adultos, mas na convicção a que devem chegar os próprios alunos sobre a conveniência das normas reguladoras da conduta.

A educação, por definição, quer alcançar um estado melhor partindo de uma situação menos adequada ou simplesmente ruim. Portanto, é normal encontrar-se em situações de indisciplina e mal-estar. O primeiro passo para transformá-las é detectar os padrões de indisciplina de cada escola. Ou seja, as condições que provocam os conflitos e a maneira como as normas são transgredidas em cada escola em particular. Trata-se de evitar a subjetividade e ser preciso na investigação da causa das dificuldades. Traçar o mapa das situações e dos fatos que provocam problemas não é um plano de intervenção, mas um diagnóstico que ajudará a idealizá-lo. Observe os seguintes passos para detectar as situações de conflito de sua escola.

1 Descreva resumidamente incidentes conflituosos que você considera típicos de sua escola (será melhor se os tiver presenciado).

» Descrição dos fatos:
» Onde costumam acontecer:
» Quando costumam acontecer:
» Por que acontecem? O que os provoca (antecedentes ou causa imediata da conduta)?

2 Após terminar de descrever os fatos conflituosos, você estará apto a começar a detectar as dificuldades típicas da escola e analisá-las para determinar suas causas. Tanto na primeira parte da atividade quanto agora, é recomendável contar com a colaboração do corpo docente da própria instituição. Assim, vários fatos poderão ser descritos, compartilhados e analisados.

» Quais são os principais problemas de disciplina da escola?

» A causa mais comum de cada um dos problemas disciplinares é (referir-se a fatores da própria instituição, e não a fatores externos):

3 Agora, sozinho ou na companhia dos colegas da escola, desenvolva um plano de ação para minimizar os problemas de disciplina detectados e analisados nas primeiras etapas desta atividade. Ânimo!

ATIVIDADE 25

A organização da matéria[6]

A cultura escolar depende da soma do que acontece em cada uma das salas de aula. E isso, em parte, é consequência do modo como as aulas são organizadas. A seguir, avalie suas aulas segundo um conjunto de critérios de organização das atividades, atribuindo valores de 1 a 4, de acordo com a seguinte classificação:

1 = Nunca
2 = Algumas vezes
3 = Frequentemente
4 = Sempre

CRITÉRIOS DE ORGANIZAÇÃO DAS ATIVIDADES EM SALA DE AULA	1	2	3	4
Os alunos são informados sobre o tempo disponível para realizar cada exercício?				
Eles dispõem de tempo suficiente para fazer cada atividade?				

(continua)

6 Adaptado de algumas propostas encontradas em Watkins e Wagner (1991).

(continuação)

CRITÉRIOS DE ORGANIZAÇÃO DAS ATIVIDADES EM SALA DE AULA	1	2	3	4
Eles se distraem por ter tempo demais para fazer as atividades?				
Têm pouco tempo para fazer o trabalho solicitado?				
Há um número adequado de atividades?				
A passagem de uma atividade para outra está clara?				
A mudança de atividades ocorre em um ritmo justo?				
Trabalha-se individualmente e em grupo de modo equilibrado?				
As explicações do professor e o trabalho dos alunos estão equilibrados?				
A formação de grupos de trabalho é rápida e descomplicada?				
O tamanho dos grupos está claro?				
A composição dos grupos é controlada?				
As normas que devem ser cumpridas no trabalho em grupo estão claras?				
No caso de os grupos serem formados pelo professor, os critérios da composição e os objetivos de cada atividade são esclarecidos?				
Há explicação sobre como deve ser realizado cada passo da atividade?				
É permitido que os alunos falem e se ajudem durante a realização das tarefas?				

2 Que outros critérios de análise da organização das atividades de uma aula você acrescentaria? E como os avaliaria?

	1	2	3	4

» Em quais aspectos você deveria melhorar?

» Pense em uma forma de organizar e conduzir as atividades de sua matéria a fim de melhorar a disciplina.

» Recorde uma aula que tenha sido boa para você e descreva-a. Analise as causas do bom funcionamento.

» Para terminar, quando a sala de aula onde você ministra a disciplina avaliada estiver vazia, observe seu espaço físico. O local, os móveis, a decoração e tudo que estiver visível. Pense de que maneira o espaço influencia o clima das aulas e o que poderia ser modificado para melhorar o ambiente.

ATIVIDADE **26**

O porquê dos sintomas

Não é bom que a escola negue as dificuldades, esconda os problemas ou siga adiante como se nada estivesse acontecendo. Do contrário, o que era apenas uma dificuldade pode acabar se transformando em um conflito grave. Mas reconhecer os problemas não é suficiente, embora seja um primeiro passo importante. Quando detectamos uma dificuldade e temos coragem para apresentá-la, devemos nos perguntar por que ela surgiu, o que a provocou e o que a tornou possível. Se conseguirmos ir além dos sintomas, estaremos aptos para tratar as causas dos inconvenientes com maior eficácia.

1 Esta atividade é uma introdução à procura das causas reais de fatos que nos preocupam. Portanto, o primeiro passo é escolher o sintoma preocupante. (Por exemplo, "o número de matrículas da escola diminuiu pelo terceiro ano consecutivo".)

Sintoma preocupante: _____
_____
_____
_____
_____

2 O segundo passo é perguntar-se por que esse sintoma preocupante foi produzido. Provavelmente, você pensará em três ou quatro respostas. Evite respostas que pendam para as acusações individuais. Não buscamos culpados, mas as causas estruturais que provocam os erros pessoais.

Por que ele foi produzido?

Primeira resposta: _____
_____
_____

Segunda resposta: _____
_____
_____

Terceira resposta: _____
_____
_____

3 O terceiro passo é perguntar-se, para cada uma das respostas anteriores, por que isso aconteceu. E depois, com cada uma das novas respostas, você poderá voltar a perguntar-se por que isso aconteceu. Existirá um conjunto de causas cada vez mais básicas. Pode ser usada uma folha de respostas, como no seguinte exemplo, tantas vezes quantas forem necessárias.

FOLHA DE RESPOSTAS	
Por que isso aconteceu?	
Por que isso aconteceu?	
Por que isso aconteceu?	

4 O quarto e último passo consiste em analisar o conjunto de causas e agrupá-las de modo que seja possível diagnosticar o problema. Uma análise que vá além da descrição dos sintomas e das causas mais superficiais. Trata-se de chegar a algumas causas básicas, sobre as quais nos seja possível intervir. Queremos descobrir a causa real dos fatos para intervir e tentar solucionar os problemas. Não é uma atividade para causar tristeza nem sentimento de impotência.

ATIVIDADE 27

Como promover o sucesso escolar

As leis científicas relacionam fenômenos segundo suas causas. Na suposição da qual nos ocupamos, estamos diante de uma relação causal tão determinante quanto uma lei científica: quando uma família se envolve na vida escolar dos filhos e participa na escola que eles frequentam, a possibilidade de sucesso escolar dos jovens aumenta de forma evidente. Envolvimento e participação dos pais equivalem a sucesso escolar dos filhos. Mas o que pode ser feito para facilitar o envolvimento e a participação dos pais?

Propomos que você explore cinco estratégias e um conjunto de perguntas cuja resposta o ajudará a conhecer melhor o modo como sua escola e você mesmo trabalham. Com isso, será possível avaliar o envolvimento e a participação das famílias.

Para facilitar o envolvimento e a participação
Duas perguntas prévias
» Como envolver os pais em algo mais que assistir a uma palestra e assinar o boletim de notas?
» Como a escola pode trabalhar com os pais para introduzir inovações que repercutam no sucesso escolar dos alunos?

I Conheça a comunidade na qual a escola se encontra
» Você identificou as organizações sociais mais relevantes do bairro?
» Você identificou os pais que têm mais credibilidade?
» Você determinou o que as organizações e os pais podem fazer a favor da educação oferecida pela escola?
» Você estabeleceu relações com eles, explicou o que a escola quer fazer e falou da possibilidade de criar laços de colaboração?
» Vocês decidiram se encontrar com certa frequência?
» Você conhece os temas que mais preocupam os pais e o conjunto da comunidade?

II Melhore a comunicação com os pais
» Na maioria das reuniões, os pais resistem diante dos problemas ou tentam melhorar o rendimento dos seus filhos?
» Você acredita que os pais sentem que a opinião deles é valorizada?
» Como você se comunica com os pais?
» Você se comunica com os pais regularmente?
» Os pais fazem sugestões, além de falar dos filhos e fazer reclamações?
» Que sistemas de comunicação você usa com os pais? Eles são efetivos?

III Ofereça um horizonte aos pais e ao pessoal da escola
» Qual é a finalidade da escola?
» Que objetivos podem ser propostos para o próximo ano?
» Como os pais participaram da determinação desses objetivos?
» A comunidade e o bairro apoiarão a escola no acompanhamento desses objetivos?

» Como os pais e os membros da comunidade ajudarão a escola a alcançar tais objetivos?

» Poderíamos avaliar e medir os resultados?

» Como poderíamos divulgar os resultados a todos e agradecê-los pela ajuda?

IV Reduza a distância entre as famílias, a comunidade e a escola

» Existem canais e espaços de comunicação entre as famílias e a escola?

» Foram buscados meios para ultrapassar as barreiras idiomáticas que possam existir?

» Foram pensadas formas de superar as dificuldades horárias dos pais?

» Foi explicado aos pais como se trabalha na escola e por que motivo as coisas são feitas de determinada maneira?

» As famílias foram convidadas a entrar na sala de aula e na escola para explicar suas tradições culturais, seu trabalho ou outras informações que possam ser interessantes para os alunos?

» Foram expostas aos pais as possibilidades de ação voluntária oferecidas pela escola?

» Foi explicado, de maneira concreta, em cada oportunidade, o tipo de ajuda solicitado aos pais e por que motivos ela é importante?

» Pede-se ajuda concreta aos pais quando necessário?

» Os pais dispõem de um espaço adequado para se encontrar?

» A colaboração das famílias recebe agradecimentos calorosos e, quando possível, é comemorada?

V Avalie regularmente as iniciativas de envolvimento e participação

» Existe um sistema de avaliação do envolvimento e da participação das famílias?

» Como os pais contribuem para complementar o processo de avaliação?

» Os resultados são divulgados e servem para aprimorar as metas?

» A escola destina recursos pessoais e materiais para incentivar o envolvimento e a participação das famílias?

» A contribuição dos pais é avaliada quando os planos de trabalho da escola são estabelecidos?

» A participação dos pais em atos diversos é avaliada?

» A participação dos pais nas reuniões escolares é avaliada?

Refletir sobre as boas experiências e analisá-las

Certamente, todos os educadores, ao longo da carreira, já tiveram boas experiências no relacionamento com as famílias. Com certeza, também já viveram experiências não tão boas. Agora, nos concentraremos em lembrar e analisar somente as boas. De fato, é possível aprender muito sobre como melhorar as coisas ao estudar com atenção os casos nos quais tivemos sucesso.

Nesta atividade, deve-se lembrar de situações em que o relacionamento com as famílias foi bom. É necessário pensar o que aconteceu, o que fez cada uma das partes, em quais condições era realizado o trabalho, enfim, é preciso lembrar e analisar todos os detalhes do caso. Não é suficiente achar que o relacionamento foi positivo porque os pais eram boas pessoas, o que com certeza eram, mas devem-se analisar as condições que facilitaram o bom relacionamento. É preciso ver tudo que, como educadores interessados em melhorar a participação das famílias, nós podemos controlar e modificar.

Para realizar esta atividade corretamente, procure seguir os passos detalhados na sequência:

1 Lembre-se de casos em que o relacionamento família-escola tenha sido bom. Recorde o processo com o maior número possível de detalhes. Quando eles estiverem suficientemente claros, anote uma referência que permita a você relembrá-los mais tarde. Esse é um procedimento abreviado; caso você tenha mais tempo, o ideal é escrever em uma folha à parte a respeito de cada um dos casos.

» Caso 1: _____

_____

_____

» Caso 2: _____

_____

_____

» Caso 3: _____
_____
_____
_____

» Caso 4: _____
_____
_____
_____

» Caso 5: _____
_____
_____

2 Agora pense nos motivos pelos quais você acredita que esses casos tenham sido boas experiências de relacionamento família-escola. Podem ser motivos que se repitam em todos os casos, que só aconteçam em alguns ou apareçam apenas em um caso isolado. Anote-os a seguir.

» Motivo 1: _____
_____

» Motivo 2: _____
_____

» Motivo 3: _____
_____

» Motivo 4: _____
_____

» Motivo 5: _____
_____

3 Para terminar, imagine como você e a escola poderiam aplicar à situação acima os motivos ou as causas para uma melhoria no relacionamento entre família e escola.

Trabalhar em rede

Este capítulo ajudará você a:

▸ Reconhecer o papel que as escolas precisam assumir na criação de redes educativas.

▸ Avaliar a influência dos diferentes meios na formação dos alunos.

▸ Ter consciência da necessidade de incentivar a participação dos alunos nos diversos espaços.

▸ Conhecer atividades que permitam aos alunos atuar no ambiente e melhorá-lo.

▸ Adquirir habilidades pessoais para trabalhar em rede.

A complexidade do ato educativo

A TRAJETÓRIA PESSOAL de cada sujeito é marcada por sua participação nos diversos meios e ambientes. Alguns deles são compartilhados durante o mesmo período (família, amigos, bairro, escola), enquanto outros vão tendo lugar à medida que a pessoa cresce (escola, universidade ou trabalho). O pertencimento a meios diferentes produz espontaneamente influências educacionais. Nesse sentido, podemos dizer que a vida dos indivíduos é sempre uma vida "em rede", considerando que, para além dos propósitos pedagógicos que se queira alcançar, esses indivíduos crescem e se desenvolvem com base em atividades em diferentes instituições e meios sociais.

As contribuições da psicologia, da sociologia e da pedagogia durante as últimas décadas foram fundamentais na hora de reconhecer a relevância dos diferentes ambientes na formação pessoal. O papel da escola como referencial exclusivo da educação abriu espaço para uma visão mais global da questão. Por um lado, foi reconhecida a função pedagógica de outras instituições criadas com o intuito de educar fora das salas de aula – educação não formal. Por outro lado, foram destacadas as influências que cada indivíduo recebe dos meios de que participa, tenham ou não a intenção de ser educativos – educação informal.

O ato educativo é heterogêneo, não podendo ser explicado com base em uma única realidade. Os sujeitos se formam sob efeito de meios que se misturam, interagem e se integram às experiências pessoais de maneiras muito complexas. Não é possível entender o processo de uma pessoa a menos que se compreenda que o que lhe acontece em determinado âmbito não é alheio àquilo que vive em outros espaços. Assim, a capacidade do entorno de influenciar significativamente o desenvolvimento pessoal é medida tanto por sua definição interna como pelas conexões que podem ser estabelecidas com outros ambientes dos quais participam os mesmos sujeitos. A eficácia educacional de cada meio está vinculada à capacidade de colaboração em uma tarefa que não se pode assumir individualmente com sucesso: a formação de pessoas.

As consequências dessa nova visão pedagógica no âmbito escolar são importantes. A educação se transformou em um elemento central das políticas sociais que não se situam no âmbito escolar. A escola deixa de ser o agente educativo por excelência para se tornar mais um agente educacional – muito significativo, porém não o único (Subirats, 2002; Alsinet *et al.*, 2003). A escola já não pode ser entendida exclusivamente como um lugar onde os alunos aprendem, devendo também ser vista como um espaço social que precisa modificar seus parâmetros de funcionamento para se adaptar às transformações culturais, sociais, familiares, entre outras, que vão acontecendo. A escola deixa de ser uma instituição isolada para se transformar em mais um nó de uma ampla rede educativa da qual participa, com a qual se comunica e troca informações continuamente.

As possibilidades na criação de redes educativas são diversas, e cada uma delas produz diferenças na aprendizagem e no desenvolvimento das capacidades humanas. Nem todas as redes são igualmente ricas em diversidade nem oferecem as mesmas oportunidades aos seus usuários. Por isso, sua configuração deveria ser uma prioridade das diferentes instituições educativas, inclusive a escolar.

Escolas em rede

A IDEIA DA ESCOLA em rede parte de uma perspectiva global e integrativa da educação, que reconhece a interação entre os diferentes espaços educativos nos quais os alunos se desenvolvem e, ao mesmo tempo, permite avançar na definição da especificidade de cada um deles. Admitir a interdependência funcional produzida entre as pessoas e seu entorno revela a necessidade de intervenções que superem a visão fragmentária de cada elemento educativo considerado separadamente.

A escola deve ter a capacidade de assumir o papel que lhe corresponde na criação de redes educativas que sejam ricas em elementos diversos e desfrutem, ao mesmo tempo, da

ESCOLA CONECTADA AO ENTORNO	INTEGRAÇÃO DA INTERNET NA ESCOLA	CIDADE EDUCADORA
Criar projetos educativos bem definidos para práticas de valores e convivência.	Fazer do uso da internet um recurso habitual nas aulas.	Incorporar a função educativa nas atividades próprias da cidade.
Criar uma escola aberta à diversidade social existente no território.	Abrir espaços escolares interativos e globalizantes.	Estimular os Projetos Educacionais de Cidade (PECs), introduzindo a educação como elemento transversal nas atividades do município.
Atuar com flexibilidade e capacidade de cooperar com outras entidades sociais.	Explorar as possibilidades da rede como espaço de comunicação, de participação em debates, conhecimento de outras realidades, busca de informação e conscientização de conflitos sociais.	Conhecer e utilizar, da escola, os recursos disponíveis na cidade.

densidade necessária para oferecer educação de qualidade. Essa vontade de fazer parte de uma rede mais ampla permite, no mínimo, três aproximações: *a criação de escolas conectadas ao entorno, a integração da internet* e a *criação de cidades educadoras* (Trilla, 1999).

A escola conectada ao entorno

A escola pode ser um referencial significativo no entorno do qual faz parte, uma vez que tem algo valioso a oferecer. Por esse motivo, para poder colaborar efetivamente com a criação de redes educativas, é fundamental que a escola tenha um projeto educativo bem definido, que seja aceito e apoiado ativamente pelos membros da instituição (professores, alunos e famílias). Conforme a escola passa a ser um espaço significativo não apenas de transmissão de conhecimentos, mas também de prática de valores e de convivência, ela está mais bem preparada para contribuir substancialmente com o meio social no qual está inserida.

A escola multiplica seu efeito educativo quando propõe vincular-se ao entorno mais imediato – bairro ou vizinhança – e estabelecer relacionamentos com as instituições educativas no bairro. Isso requer abrir-se para a diversidade social presente na sala de aula – e também fora dela –, acolhendo-a ativamente. Um bom projeto educativo precisa adequar fidelidade às próprias opções e capacidade de colaboração externa. Por isso, a escola em rede é flexível tanto no que diz respeito à definição de projetos educativos mais globais quanto ao intercâmbio de recursos humanos e materiais. Por exemplo, a organização de atividades culturais e de animação sociocultural abertas ao bairro é um bom recurso para se vincular à comunidade e melhorar o serviço educacional.

A formação das crianças e dos jovens ganha substancialmente quando a escola projeta sua atividade, colaborando para tecer uma densa trama de recursos formativos e de aprendizagem. De modo contrário, quando diferentes instituições ou programas educativos de um mesmo território estão desconectados entre si, a potencialidade de cada um deles é radicalmente reduzida, e a possibilidade formativa de seus usuários fica limitada.

Integração da internet

As escolas devem aproveitar as possibilidades de comunicação e intercâmbio de informação oferecidas pela internet, incorporando-a como um recurso habitual na sala de aula. A rede oferece ao aluno o acesso a novos meios e a participação em ambientes aos quais não poderia ter acesso de outra maneira. É evidente que são necessários programas educativos coerentes e bem planejados, mas também fica claro que as possibilidades oferecidas pela rede ainda não foram exploradas pelas escolas e resta um longo caminho a ser percorrido. A busca de informações não pode ser a única finalidade de navegar pela internet. A rede também fornece a oportunidade de comunicação com alunos que vivem em outras realidades, a fim de tomar consciência do que acontece em outras partes do mundo – ou em lugares próximos – e participar de discussões sociais, além de comparar informações provenientes de diversas fontes.

Cidade educadora

Cidade educadora é um projeto presente em diferentes países a partir das últimas décadas. Uma cidade passa a ser conhecida como educadora ao reconhecer, exercer e desenvolver a função educativa, além de suas funções tradicionais – econômica, social, política e de prestação de serviços. Uma cidade educadora assume a responsabilidade pela formação, promoção e desenvolvimento de todos os seus habitantes, começando pelas crianças e jovens (Associação Internacional de Cidades Educadoras, 1990). Tal ideia de cidade abre novas possibilidades no processo de formação de seus habitantes, redefinindo a relação escola-cidade. Com o intuito de incentivar iniciativas que rompam as fronteiras entre ambas, surgiram os Projetos Educativos de Cidade (PECs), que demonstram a necessidade de construir espaços educativos e situar a educação como eixo estratégico de desenvolvimento das cidades, introduzindo-a como elemento transversal no restante das atividades do município.

Porém, é preciso fazer que o conceito de cidade educadora avance com base em diferentes frentes. Uma das mais importantes foca a possibilidade de influenciar o governo local, exigindo que ele coordene a oferta formativa sobre o território e incentive com firmeza a dimensão educativa das iniciativas cidadãs. Outra frente está relacionada com a capacidade que a administração tem de colocar em prática políticas de participação dos cidadãos em questões coletivas. Centrando-nos no âmbito escolar, o mínimo que deveria ser solicitado a cada escola para colaborar com a criação das cidades educadoras é estar presente e usar recursos do território, reconhecendo a diversidade de fontes de aprendizagem que a cidade acumula e com as quais é possível estabelecer relações de cumplicidade educacional.

O pertencimento a diferentes meios como fonte de crescimento moral

A FORMAÇÃO MORAL dos alunos é um trabalho repartido entre os diferentes meios dos quais participa – e, ao mesmo tempo, compartilhado por eles. É uma tarefa repartida porque nem todos os meios assumem as mesmas funções educativas nem oferecem respostas idênticas à necessidade das crianças. No caso de uma criança que sofre de uma doença grave, notamos que as instituições das quais ela participa – família, escola, amigos, hospital, entre outros – desenvolvem diferentes tarefas de maneira prioritária: zelar por sua saúde, garantir-lhe espaços lúdicos, favorecer sua convivência com outras crianças, atender às suas necessidades afetivas, acompanhar de perto uma enfermidade, minimizar um possível mal-estar físico, entre outras.

Porém, o trabalho de tais instituições não é apenas repartido, elas também compartilham suas ações, o que provoca um efeito sinérgico. Ou seja, o trabalho realizado por uma reforça o das outras e permite uma importante melhora na qualidade de vida da criança. Em outras palavras, o crescimento de uma criança é um trabalho compartilhado por todos os meios em que ela circula. Quando reconhecemos a intervenção sempre limitada de cada meio, podemos afirmar que a participação em diferentes entornos tem, a princípio, efeitos positivos na formação pessoal, porque a confluência das ações de todos eles amplifica os resultados.

Mas os efeitos que as pessoas recebem do entorno não se limitam ao âmbito mais próximo. Cada sujeito está submetido à ação, frequentemente indireta, de meios menos visíveis que interferem em seu desenvolvimento. Assim, ao falar da influência dos meios, temos de considerar no mínimo três categorias diferentes (Bronfenbrenner, 1987).

» Primeira, *as influências que derivam da participação direta em entornos diversos*, nos quais as pessoas compartilham relações e atividades. Seja pelo contraste, seja pela sintonia estabelecida entre os diferentes meios, pertencer ativamente a diferentes meios contribui para a formação pessoal.

» Segunda, *as influências que os jovens recebem dos meios dos quais não participam diretamente*, mas que fazem parte do seu entorno. O trabalho dos pais, o vínculo da escola com outras entidades ou a administração pública de seu município são exemplos desta categoria.

» Por fim, devemos considerar *os efeitos que o conjunto das instituições de uma sociedade gera para a formação pessoal*. Qualquer aluno está submetido a uma série de influências diferentes daquelas que afetariam outro que vivesse em um meio cultural diverso. As práticas e instituições de cada cultura têm um "ar de família" que traz estabilidade, dotando-as de certa coerência, apesar das discrepâncias internas que possam existir entre elas.

Obviamente, as possibilidades dos professores de provocar o mesmo tipo de influência de um meio ou outro são diferentes. Enquanto no primeiro caso é possível incentivar o pertencimento dos alunos a diferentes meios – um exemplo suficientemente conhecido são os intercâmbios escolares para favorecer o contato das crianças com realidades diversas –, nos outros dois casos a ação docente está voltada para ajudar os jovens a conhecer sua trajetória pessoal e tomar consciência da influência que meios aparentemente distantes exercem em sua formação. Também é necessário considerar a oportunidade que a equipe da escola têm de trabalhar para construir redes educativas que facilitem uma cultura educativa da complementaridade e a coordenação entre as diversas instituições das quais participam os alunos.

A aprendizagem em serviço, uma atividade do trabalho em rede

APRENDIZAGEM EM SERVIÇO é uma atividade complexa que combina processos de aprendizagem curricular e de serviço para a comunidade em um único projeto bem articulado, no qual os participantes se formam ao trabalhar com as necessidades reais do entorno, a fim de melhorá-lo (Puig *et al.*, 2006, p. 22).

São atividades escolares com clara projeção social, cujo objetivo é fazer que os alunos adquiram os conteúdos acadêmicos programados no currículo das diferentes disciplinas mediante a realização de um serviço de utilidade social no meio. Assim, o ponto de partida da aprendizagem em serviço é detectar as necessidades reais do entorno nas quais seja possível intervir. Necessidades que permitam ações que possam ser assumidas pela escola, adequadas à idade dos alunos que as colocarão em prática.

Colocar em prática as atividades de aprendizagem em serviço exige um trabalho em rede que possibilite a coordenação entre instituições educativas, organizações sociais e instâncias do entorno. Isso permite que as instituições educativas se abram para a comunidade e desenvolvam aprendizagens significativas com uma aplicação clara na vida real. Por outro lado, o relacionamento entre a escola e as entidades sociais também permite que estas exerçam influência formativa sobre os alunos.

As relações de parceria ou colaboração entre duas ou mais instituições podem se cristalizar de diferentes maneiras. A mais frequente é a escola buscar a cumplicidade de uma entidade social que lhe facilite a realização dos serviços prestados. Porém, a iniciativa da atividade de aprendizagem em serviço também pode partir de uma entidade social que ofereça essa possibilidade e procure a colaboração de uma escola. Quanto mais conhecimento mútuo e intercâmbio de informação existirem entre as entidades de um mesmo território, mais facilmente poderão ser desenvolvidas atividades de aprendizagem em serviço.

Independentemente de qualquer relacionamento entre as instituições protagonistas, a atividade deve incluir a aquisição de conhecimentos – informativos, procedimentais e de valor – e a ação específica por parte dos alunos. Essa ação deve ter como objetivo a melhoria de um aspecto da realidade e, ao mesmo tempo, ser avaliável. A qualidade da experiência depende, em grande parte, da coerência entre a aprendizagem que se pretende estimular nos alunos e o serviço que realizam. Por outro lado, é importante que eles tenham uma presença ativa em todas as fases do projeto, desde a constatação das necessidades até a avaliação final de sua intervenção.

Os âmbitos que permitem desenvolver aprendizagem em serviço são variados. A idade dos alunos, as possibilidades da escola e, sobretudo, as instâncias do entorno que possam oferecer serviços são elementos fundamentais para programar atividades de aprendizagem em serviço. Alguns dos âmbitos mais frequentes são: a proteção do meio ambiente, a recuperação do patrimônio cultural, a ajuda a grupos sociais desfavorecidos, a colaboração em escolas ou a organização de campanhas de sensibilização. Do mesmo modo, as possibilidades de situar esse tipo de atividade no currículo escolar são diversas: o espaço de tutoria, os projetos de pesquisa, uma matéria específica ou um trabalho interdisciplinar são as mais comuns.

Exemplos de atividades de aprendizagem em serviço:

» Os alunos do 9º ano do Ensino Fundamental da Escola Pia Granollers (Catalunha), no crédito comum de tecnologia, reciclam bicicletas para enviá-las a um povoado da Nicarágua. A atividade consiste em conseguir bicicletas usadas, procurar as peças e o material necessário para consertá-las, buscar as colaborações necessárias e, quando estiverem novamente em condições de uso, enviá-las para a Nicarágua. São trabalhados basicamente os conteúdos de mecânica e engrenagem. A disciplina também contempla a aquisição de conhecimentos sobre a realidade da Nicarágua e sua população.

» Os alunos do 9º ano do Ensino Fundamental e 1º ano do Ensino Médio da Escola Pavill de Olesa de Montserrat transformam um trecho de um antigo canal industrial em uma balsa. A atividade se insere em uma disciplina optativa. O projeto dura três anos letivos e é programado de maneira que cada grupo participante possa colocar em prática uma parte completa do processo. A aquisição de conhecimentos está centrada nos âmbitos tecnológico (jardinagem e construção) e científico (funcionamento de ecossistemas, botânica e zoologia). O resultado é a preservação de um pequeno ecossistema, com a proteção de anfíbios e macroinvertebrados, em uma região até então altamente degradada.

» Os alunos do 5º ano do Ensino Fundamental da Escola Santa Anna, de Barcelona, na disciplina de música, realizam a atividade "caramelles", que teve origem em uma festa popular catalã. Durante alguns meses, eles são responsáveis por ensinar duas canções aos alunos mais novos, que são distribuídos em grupos mistos de dez crianças. Cada grupo é assumido por uma dupla de alunos do 5º ano. As aprendizagens trabalhadas concentram-se basicamente na área de música: afinar e entonar a voz, adquirir um bom domínio da flauta doce, pesquisar e organizar diversos recursos para ensinar as canções. O vínculo da atividade com as áreas do meio social e estético traz aprendizagens relativas ao conhecimento das comarcas catalãs. Por outro lado, o serviço para a comunidade, que neste exemplo se caracteriza pelos alunos do 1º ao 4º ano, convida as crianças mais velhas ao exercício da responsabilidade, do cuidado para com os menores e da cooperação entre iguais.

·

Meu círculo de relacionamentos

A primeira atividade para tomar consciência do trabalho em rede realizado nas escolas e aprimorá-lo é configurar e avaliar o mapa dos relacionamentos de cada educador. O objetivo é determinar as pessoas ou instituições com as quais são mantidos vínculos de trabalho, qual é seu objetivo, que avaliação merecem e como esta pode ser melhorada. Esse mapa de vínculos não deve considerar o relacionamento com os alunos e sua família, tampouco com os colegas da escola. Em vez disso, são avaliados os relacionamentos em rede, mantidos com pessoas de fora da escola ou com instituições do entorno. Se você mantém vínculos de relacionamento com várias pessoas ou entidades visando realizar somente um projeto, considere-as como um único relacionamento e anote-as em apenas um quadro. Use quantas páginas achar necessárias para analisar os relacionamentos em rede, os objetivos deles, a avaliação que você lhes dá e as formas de otimizar os vínculos.

Não temos um número ideal de relacionamentos em rede por pessoa, portanto você terá de utilizar o senso comum para avaliar se a quantidade de vínculos em rede que mantém é adequada. Pode haver números muito baixos e muito altos; mas, por outro lado, será fácil fazer um diagnóstico dos objetivos que eles englobam, dos pontos fortes e fracos que manifestam e das maneiras que você imagina para melhorá-los.

Esta atividade também pode ser feita considerando os relacionamentos em rede da própria escola como instituição global, e não de cada um dos professores em particular. Completá-la pode oferecer uma imagem muito clara da quantidade e da qualidade dos relacionamentos que a escola mantém com o entorno. A seguir, propomos um modelo do mapa de relacionamentos.

ANÁLISE DOS RELACIONAMENTOS EM REDE	
Pessoa(s) ou entidade(s)	Objetivo do relacionamento
	Avaliação do relacionamento
	Como melhorar o relacionamento
Pessoa(s) ou entidade(s)	Objetivo do relacionamento
	Avaliação do relacionamento
	Como melhorar o relacionamento
Pessoa(s) ou entidade(s)	Objetivo do relacionamento
	Avaliação do relacionamento
	Como melhorar o relacionamento

ATIVIDADE 30

Preparar as reuniões

Não é exagero afirmar que as reuniões são o cérebro do trabalho em rede. Tampouco é precipitado dizer que se reunir costuma ser um tipo de atividade que, por ser muito habitual e conhecida, não é preparada com o cuidado que merece. A dificuldade para se reunir quando se trabalha em rede, junto com a conveniência de que as reuniões sempre estejam bem preparadas, estimula-nos a recomendar tempo e atenção para preparar as reuniões de trabalho.

Na sequência, ao avaliar suas reuniões, você poderá ter ideia de alguns dos aspectos que vale a pena considerar quando for preparar as próximas.

1 Atribua valores de 1 a 4 a cada critério, de acordo com a seguinte classificação:

1 = Nunca
2 = Algumas vezes
3 = Frequentemente
4 = Sempre

PREPARAR UMA REUNIÃO	1	2	3	4
Os objetivos da reunião estão claros?				
Todos os participantes receberam com antecedência a pauta da reunião?				
Na pauta, foram anexados documentos informativos dos temas que serão tratados?				
Os assistentes prepararam o trabalho que deve ser realizado na reunião?				
Foi estipulado um lugar adequado para a reunião?				
Todos os que devem participar foram avisados?				
Sabe-se quem coordena ou modera a reunião e quem faz o secretariado?				
No início da reunião, os objetivos são comunicados com clareza?				
A duração da reunião está clara para todos os participantes?				
Foram previstos materiais de apoio (lousa, gráficos etc.)?				
É mantido o mínimo de disciplina nas intervenções?				
O debate se mantém centrado no tema que está sendo tratado?				
Quando há acordos, eles ficam claros e estabelecidos?				
Ao final da reunião, são feitas uma síntese e uma previsão para o futuro?				
O funcionamento de cada reunião é avaliado?				

2 Quais outros critérios de análise da organização das reuniões você acrescentaria? Como os avaliaria?

	1	2	3	4

3 Talvez nenhum desses aspectos seja por si só definitivo para que uma reunião de preparação do trabalho em rede tenha sucesso, mas a soma de todos eles aumenta exponencialmente essa possibilidade. Pense quais aspectos você teria de melhorar.

ATIVIDADE 31

Dialogar e avaliar as reuniões

Trabalhar em rede pressupõe colaborar com pessoas pouco conhecidas. Não devemos estabelecer hábitos de relacionamento errôneos com essas pessoas por uma razão muito simples: ainda não adquirimos nenhum. Esse é um bom momento para adotar, desde o princípio, bons costumes de trabalho em conjunto. Uma das competências básicas para trabalhar de forma proveitosa com pessoas de outras instituições é o das habilidades para o diálogo. Uma parte importante do trabalho em rede é realizada em reuniões, e a qualidade de uma reunião depende, em grande parte, da habilidade dos participantes para dialogar de maneira construtiva.

A seguir, são apresentadas duas atividades que trazem recomendações para ajudar a dialogar melhor e otimizar as reuniões de trabalho.

Recomendações para dialogar[7]

Nem sempre dialogamos corretamente. Às vezes, porque não queremos; outras, porque é difícil para nós fazê-lo melhor; e em alguns casos porque realmente não sabemos como fazer isso. A seguir, apresentamos algumas sugestões que podem ajudá-lo a melhorar suas habilidades dialógicas. Realizar cada uma delas e tentar aplicá-las em diferentes situações de diálogo já é uma tarefa suficiente.

DEZ RECOMENDAÇÕES PARA DIALOGAR MELHOR	
1	Ter a intenção de contribuir para a compreensão e a solução dos problemas tratados
2	Querer se entender e não se enrolar
3	Respeitar a verdade e não dizer mentiras
4	Respeitar o outro e não ser agressivo nem dogmático
5	Olhar o outro quando ele fala e prestar atenção ao que ele diz
6	Estar disposto a escutar os pontos de vista e motivos das outras pessoas até entendê-los
7	Querer expressar corretamente os próprios pontos de vista
8	Estar disposto a pensar sobre as razões apresentadas pelos interlocutores
9	Querer modificar os próprios pontos de vista
10	Estar disposto a buscar alternativas aceitáveis para todos os interlocutores, adotá-las e colocá-las em prática

1 Destaque, em cada uma das recomendações anteriores, uma palavra ou expressão que você considere fundamental.

2 Procure exemplos reais em que essas recomendações não tenham sido cumpridas, e outros em que elas tenham sido cumpridas.

7 Essas recomendações podem ser encontradas em Puig *et al.* (2000, p. 153).

3 Dentre as dez recomendações apresentadas, quais você cumpre com facilidade e quais acredita serem mais difíceis?

Avaliar reuniões[8]

Esta pode parecer uma proposta simplista e um pouco artificial – e, na realidade, talvez seja. Porém, quando adotada com certa frequência, ajuda a melhorar a forma de agir e de pensar nas reuniões. A seguir, apresentamos um resumo do procedimento:

1 Pouco antes do término, o moderador passa uma folha – que terá preparado previamente – para que os participantes pontuem de 1 a 7 seu grau de satisfação com a reunião.

2 Cada pessoa marca com um "x" a pontuação que considera mais adequada e passa a folha para o participante à sua direita, até que ela dê toda a volta e retorne ao moderador.

3 Quando houver uma ou mais pontuações inferiores a 4, o moderador deve perguntar se quem atribuiu essa nota deseja explicar os motivos de sua insatisfação. Os comentários servirão para perceber aspectos que podem ser melhorados. Se as pontuações são boas, também é possível aproveitar para comentar os aspectos que foram adequados e reforçar sua repetição. A princípio, comentários sobre a reunião não devem durar mais que cinco minutos.

COMO FOI A REUNIÃO DE HOJE?	
7	Estou muito satisfeito com a reunião.
6	
5	
4	
3	
2	
1	Estou muito insatisfeito com a reunião.

8 Esta atividade é uma adaptação de "Autopsias públicas", que pode ser encontrada em Senge *et al.* (1995, p. 414).

O simples fato de instituir esta prática e, portanto, fazer que os participantes saibam que ela será aplicada ajuda-os a controlar-se melhor e otimizar o decorrer das reuniões.

Se você não tem a oportunidade de aplicar esta breve atividade, pode utilizá-la por conta própria nas reuniões. Por volta da metade da reunião, pense em que pontuação daria a ela e por quê. Para continuar, aja de forma a ajudar a melhorá-la.

Como conceber um projeto em colaboração

Quando a escola pretende iniciar um projeto, é útil que ela analise detalhadamente seus objetivos, os passos que precisa seguir para desenvolvê-lo e os meios que terá de utilizar para implantá-lo. Se planejar previamente um projeto é importante quando a escola trabalha sozinha, isso se torna um requisito imprescindível quando o faz em rede. Não é possível desenvolver com sucesso um projeto que envolva mais de uma instituição sem delinear com antecedência um plano de trabalho conjunto que marque os horizontes comuns e as tarefas que cada um deverá realizar. Ter um plano é uma condição básica do trabalho em rede, mas não devemos nos esquecer de que um plano não é uma imposição que não pode ser modificada, mas um roteiro flexível que terá de ser adaptado a cada nova situação ou modificado segundo a correção do seu funcionamento. Trabalhar em rede requer planejamento e flexibilidade.

Há muitas pautas que podem nos ajudar a planejar um projeto: propomos uma baseada em um conjunto de interrogações. Responder a todas elas ou à maioria é sinal de que o projeto está maduro. Você pode completar esta atividade individualmente, mas o melhor é fazê-lo em grupo, com os representantes de todas as instituições que participam do projeto.

NOVE INTERROGAÇÕES PARA PLANEJAR UM PROJETO EM REDE	
O que deve ser feito?	Analisadas as dificuldades e necessidades que terão de ser enfrentadas, em que categoria de projeto vocês estão pensando? Podem explicá-lo em poucas palavras? Que nome pode ser dado ao projeto?
Que finalidade persegue?	Pensar na finalidade do projeto é marcar o último horizonte da ação que você quer empreender. Em parte, a resposta surgirá das necessidades que foram detectadas na análise da situação. O que o projeto quer conseguir para responder à problemática detectada?
Que objetivos possui?	Quando a finalidade do projeto tiver sido estabelecida, vocês devem fixar os objetivos concretos que ajudaram a desenvolvê-lo. Definam objetivos claros, possíveis, combináveis e realizáveis. Que resultados poderiam ser considerados um êxito?
Quem são os destinatários?	Desde o princípio, vocês tiveram em mente àqueles a quem o projeto se dirige, mas agora é um bom momento para defini-los com precisão. Existem destinatários diferentes ou é um grupo homogêneo? Quais são as características comuns a todos os beneficiários?
Quem incentiva o projeto?	Tanto se o projeto tiver sido idealizado com membros de uma única instituição quanto se isso tiver sido feito com representantes de várias instituições, é o momento de se perguntar se todas as entidades do entorno que deveriam estar envolvidas no projeto estão presentes. Quais instituições do entorno devem estar envolvidas?

(continua)

(continuação)

Como realizá-lo?	Com os objetivos, os incentivadores e os destinatários definidos, chegou o momento de estabelecer os passos que deverão ser seguidos. Ou seja, as ações e tarefas que devem ser finalizadas por cada um dos participantes, a ordem em que serão realizadas e os métodos de trabalho mais adequados. Que trabalhos cada instituição participante do projeto realizará?
Que recursos são necessários?	Saber quais materiais, infraestrutura e recursos financeiros é preciso assegurar para realizar o projeto é uma garantia básica de seu sucesso. É necessário fazer um orçamento e uma lista dos recursos que terão de ser utilizados, bem como ver quem poderá contribuir com eles. Quais são os principais gastos do projeto?
Quando será concluído?	Se determinar os recursos é uma condição de sucesso, estabelecer um calendário para o projeto (que determine a sua duração e o momento em que cada instituição participante desenvolverá as tarefas que lhe correspondem) é um requisito imprescindível do trabalho em rede. Quais são os principais momentos do projeto?
Como será avaliado?	Para terminar, é preciso prever como serão avaliados os resultados do projeto e do trabalho em rede. Os resultados da avaliação devem ser concretos, de maneira que permitam introduzir melhoras no processo durante o próximo ano. Que mecanismos de avaliação estão previstos?

Anotem em uma folha à parte as respostas das perguntas anteriores. O exercício disciplinado e, às vezes, enfadonho de responder a cada pergunta os obrigará a concretizar aquilo que pensam, a conhecer exatamente o estado de maturidade do projeto e detectar que aspectos devem ser mais bem elaborados. Além disso, o registro escrito pode ser facilmente transmitido a outras pessoas envolvidas no projeto, a fim de ir construindo um pensamento comum.

Recomendações finais

Trabalhar em rede é muito gratificante e, ao mesmo tempo, uma tarefa dura e exigente. Em grande parte porque obriga as pessoas e instituições a realizar um esforço constante de superação do egocentrismo. Isto é, todos nós temos de superar o hábito de olhar as coisas de um único ponto de vista, que normalmente coincide com o nosso. Trabalhar em rede nos obriga a fixar-nos nas questões que são consideradas por diferentes pontos de vista, a colocar em dúvida nossa própria percepção dos fatos e buscar pontos em comum. Definitivamente, é um exercício básico para conseguir uma educação melhor para nossos alunos. As considerações que apresentamos a seguir podem nos dar algumas indicações para limitar o egocentrismo natural das pessoas e das instituições.

CONTRA O EGOCENTRISMO[9]	
1	Admita que sua ideia não tem de ser necessariamente implementada
2	Admita que todos desenvolvem o próprio sentido de trabalho em rede
3	Admita que certo nível de conflito é quase inevitável, mas que você pode fazê-lo amadurecer
4	Admita que o diálogo é a ferramenta fundamental do trabalho em rede

(continua)

9 Adaptado de Fullan (2002, especialmente das páginas 133-4).

5	Admita que nem todo mundo quer se envolver igualmente, mas não rotule ninguém nem feche a ninguém as possibilidades de participação, especialmente àqueles que pensam de maneira diferente
6	Admita os trabalhos em rede como projetos abertos e flexíveis
7	Admita que você não sabe tudo e tem de pedir ajuda aos outros
8	Admita que não é necessário expor constantemente seu ponto de vista e aprenda a escolher bem o momento de fazê-lo, bem como os conteúdos que quer transmitir. Porém, não fique sem dizer o que pensa
9	Admita que você não conhece suficientemente o entorno e que sua singularidade é importante no trabalho em rede
10	Admita que tudo precisa de mais tempo do que você queria
11	Admita que o sucesso do trabalho em rede deve ser avaliado na prática

Bibliografia recomendada

APPLE, M. W.; BEANE, J. A. (orgs.). *Escuelas democráticas.* Madri: Morata, 1997.

APÓS UM AMPLO CAPÍTULO introdutório dedicado a defender o sentido da educação democrática, os autores apresentam quatro experiências que situam a democracia como ideal educacional e eixo articulador do currículo escolar. Também insistem no poder do trabalho em equipe para enfrentar situações difíceis e se envolver em práticas escolares inovadoras.

ARAÚJO, U. F.; PUIG, J. M.; ARANTES, V. A. (org.) *Educação e valores: pontos e contrapontos.* São Paulo: Summus, 2007.

A OBRA CONSISTE num diálogo entre os autores Ulisses F. Araújo, da Universidade de São Paulo, e Josep M. Puig, da Universidade de Barcelona, mediado pela professora Valéria A. Arantes, também da Universidade de São Paulo. No decorrer da obra os autores discorrem e dialogam sobre temas de grande relevância para a formação ética e moral das futuras gerações: a origem da moralidade, os processos de construção e/ou apropriação dos valores, os valores a serem ensinados pela escola, o papel da religião na educação moral, o relativismo e o universalismo, o conceito de inteligência moral, a crise de valores da sociedade contemporânea etc.

ESTEVE, J. M. *A terceira revolução educacional: a educação na sociedade do conhecimento.* São Paulo: Moderna, 2004.

O **OBJETIVO DESSA OBRA** é oferecer elementos para reflexão sobre as profundas transformações sofridas pelos sistemas educacionais durante os últimos anos, assim como sobre os desafios que elas trazem. Destaca-se a mudança radical que representou a generalização do ensino para 100% da população e a necessidade de modificar substancialmente os objetivos e métodos escolares.

FULLAN, M. *Los nuevos significados del cambio en la educación.* Barcelona: Octaedro, 2002.

O **TEMA CENTRAL DO LIVRO** é a defesa das reformas e da inovação no âmbito educativo. Tendo como referência a cultura americana e o mundo anglo-saxão, o autor oferece uma perspectiva histórica sobre a transformação educacional, assim como reflexões e propostas inovadoras vinculadas ao fortalecimento dos sistemas públicos de educação, via obrigatória para a construção de uma democracia profunda e duradoura.

HERSH, R.; REIMER, J.; PAOLITTO, D. *El crecimiento moral de Piaget a Kohlberg.* Madri: Narcea, 1984.

INTRODUÇÃO CLARA e rigorosa às contribuições de Piaget e, especialmente, de Kohlberg a respeito do desenvolvimento do raciocínio moral. O livro, estruturado em duas partes, aborda tanto a fundamentação teórica quanto a aplicação da teoria dos seis estágios de julgamento moral ao âmbito educacional.

JACKSON, P. W.; BOOSTROM, R. E.; HANSEN, D. T. *La vida moral en la escuela.* Madri: Amorrortu, 2003.

COM BASE NAS OBSERVAÇÕES realizadas em distintas classes de Ensino Fundamental e Médio, os autores propõem oito categorias para analisar a influência moral na sala de aula. Também analisam a imagem dos docentes como possuidores de qualidades morais. Por último, são incluídas reflexões que manifestam a enorme complexidade da vida moral na escola.

PUIG, J.; MARTÍN, X.; ESCARDÍBUL, S.; NOVELLA, A. *Democracia e participação escolar: propostas e atividades.* São Paulo: Moderna, 2000.

A OBRA PRETENDE FAVORECER a reflexão sobre as práticas democráticas nas escolas e contribuir com recursos úteis para os docentes, que intensifiquem a participação dos alunos. Na última parte do livro, é incluída uma série de propostas didáticas para ser trabalhadas diretamente com os alunos.

Sites recomendados

Associação Internacional de Cidades Educadoras
www.bcn.es/edcities
O **movimento Cidades Educadoras** foi iniciado em 1990, quando um grupo de representantes dos governos locais manifestou o objetivo comum de trabalhar em projetos e atividades para a melhoria da qualidade de vida de seus habitantes, pelo envolvimento ativo no uso e na evolução da cidade. O site é um espaço rico em documentos e realizações acerca do projeto. Podem ser encontradas sugestões a respeito do trabalho em rede e do trabalho educativo relacionado com o território.

Centro Promotor da Aprendizagem em Serviço
www.aprenentatgeservei.org
O **Centro Promotor** é uma entidade que trabalha para oferecer o estudo, a difusão e o desenvolvimento de projetos de aprendizagem em serviço. O site pretende ser um espaço interativo e de encontro entre todas as pessoas, entidades e instituições interessadas em realizar projetos de aprendizagem em serviço. Inclui recursos, guias, documentação, propostas e links de interesse para iniciar projetos de aprendizagem em serviço.

Convivência
convivencia.mec.es
Aprender a viver juntos e conviver com os outros, além de ser uma finalidade essencial da educação, representa um dos principais desafios dos sistemas educacionais atuais. Com base

nessa ideia, o portal de convivência do Ministério da Educação e Ciência da Espanha oferece uma ampla gama de recursos, informações e materiais de grande interesse para os educadores.

DOIS PORTAIS DE INFORMAÇÃO SOBRE EDUCAÇÃO
www.educasites.net/
dewey.uab.es/pmarques/
ESSES DOIS PORTAIS oferecem uma farta seleção de páginas educativas ordenadas por temas. São uma importante ajuda para ter acesso a espaços de informação muito variados.

EDUCARED
www.educared.net/
O PROGRAMA EDUCARED é incentivado pela Fundação Telefônica e por uma rica representação de organizações do mundo educativo, entre as quais se encontram as principais associações profissionais, confederações de pais e sindicatos. O EducaRed oferece um extenso panorama de informações, atividades, recursos, comunidades virtuais, ferramentas e outros serviços de interesse indubitável.

EDUCAWEB
www.educaweb.com/
É UM PORTAL ESPECIALIZADO em educação e formação que oferece um completo buscador educativo para acessar uma infinidade de recursos: estudos, cursos, bolsas, escolas e outros dados de interesse. É também um serviço de informação e orientação acadêmica e profissional direcionado à comunidade de estudantes e a profissionais de todos os âmbitos.

Neuronilla.com
www.neuronilla.com

Neuronilla.com é como um grande cérebro que estimula e canaliza a produção de novas e valiosas ideias por meio da internet, a fim de gerar conhecimento e resolver problemas de interesse social. O site oferece recursos e ferramentas para que indivíduos e organizações possam criar, desenvolver e aplicar ideias em âmbitos como a ciência, a educação, a arte, a empresa ou as novas tecnologias.

Senderi – Educação em valores
www.senderi.org/

Senderi é uma rede de instituições comprometida com a educação em valores, que tem o intuito de construir um espaço de intercâmbio e de reflexão conjunta, assim como de difusão de experiências de trabalho e de recursos sobre a educação em valores. Publica regularmente um boletim digital de educação em valores no qual podem ser encontrados artigos, experiências, livros e filmes recomendados, bem como materiais didáticos e outros documentos.

Referências bibliográficas

ALSINET, J. *et al. Més enllà de l'escola.* Barcelona: Mediterrània, 2003.

DE BONO, E. *El pensamiento paralelo.* Barcelona: Paidós, 1995.

DELORS, J. "Educação: um tesouro a descobrir". *Relatório para a Unesco da Comissão Internacional sobre Educação para o Século XXI.* São Paulo; Brasília, DF: Cortez; MEC, Unesco, 2006.

ESTEVE, J. M. *A terceira revolução educacional: a educação na sociedade do conhecimento.* São Paulo: Moderna, 2004.

FULLAN, M. *Los nuevos significados del cambio en la educación.* Barcelona: Octaedro, 2002.

GALCERÁN, M. M. *La participació en els centres de temps lliure.* 2000. Tese (doutorado) – Universidade de Barcelona.

JONAS, H. *El principio de responsabilidad.* Barcelona: Herder, 1995.

MORIN, E. *O método 6: ética.* Porto Alegre: Sulina, 2003.

PADRÓS, M. *et al. Jocs i simulacions per a la formació del professorat d'educació cívico-moral.* Materiais didáticos do Departamento de Teoria e História da Educação da Universidade de Barcelona, s/d.

PUIG, J. *et al. Democracia e participação escolar: propostas de atividades.* São Paulo: Moderna, 2000.

PUIG, J. *et al. Aprenentatge servei – Educar per a la ciutadania.* Barcelona: Octaedro, 2006, p. 22.

Puig Rovira, J. (org.). "Desenvolupament personal i ciutadania". In: *Debat curricular – Reflexions i propostes.* Barcelona: Generalitat de Catalunya/ Departament d'Educació, 2005. Disponível em: <http://www.gencat.cat/educacio/debatcurricular/docs/debat_curricular.pdf>.

Senge, P. *et al. La quinta disciplina en la práctica.* Barcelona: Granica, 1995.

Subirats, J. (org.). *Gobierno local y educación.* Barcelona: Ariel, 2002.

Trilla, J. *El profesor y los valores controvertidos.* Barcelona: Paidós, 1992.

_____. "La idea de la ciutad educadora". *Temes d'educació – Les ciutads que s'eduquen.* Barcelona: Diputació de Barcelona, 1999.

Trilla, J.; Novella, A. "Educación y participación social de la infancia". *Revista Iberoamericana,* n. 26, 2001.

Watkins, C.; Wagner, P. *La disciplina escolar.* Barcelona: Paidós, 1991.

CARTA-RESPOSTA
NÃO É NECESSÁRIO SELAR

O SELO SERÁ PAGO POR

AC AVENIDA DUQUE DE CAXIAS
01214-999 São Paulo/SP

summus
editorial

CADASTRO PARA MALA-DIRETA

Recorte ou reproduza esta ficha de cadastro, envie completamente preenchida por correio ou fax, e receba informações atualizadas sobre nossos livros.

Nome: _____ Empresa: _____

Endereço: ☐ Res. ☐ Coml. _____ Bairro: _____

CEP: ____ - ____ Cidade: _____ Estado: _____ Tel.: ( ) _____

Fax: ( ) _____ E-mail: _____ Data de nascimento: _____

Profissão: _____ Professor? ☐ Sim ☐ Não Disciplina: _____

1. Você compra livros:

☐ Livrarias ☐ Feiras
☐ Telefone ☐ Correios
☐ Internet ☐ Outros. Especificar: _____

2. Onde você comprou este livro?

3. Você busca informações para adquirir livros:

☐ Jornais ☐ Amigos
☐ Revistas ☐ Internet
☐ Professores ☐ Outros. Especificar: _____

4. Áreas de interesse:

☐ Educação ☐ Administração, RH
☐ Psicologia ☐ Comunicação
☐ Corpo, Movimento, Saúde ☐ Literatura, Poesia, Ensaios
☐ Comportamento ☐ Viagens, Hobby, Lazer
☐ PNL ☐ Cinema

5. Nestas áreas, alguma sugestão para novos títulos?

6. Gostaria de receber o catálogo da editora? ☐ Sim ☐ Não

7. Gostaria de receber Informativo Summus? ☐ Sim ☐ Não

Indique um amigo que gostaria de receber a nossa mala-direta

Nome: _____ Empresa: _____

Endereço: ☐ Res. ☐ Coml. _____ Bairro: _____

CEP: ____ - ____ Cidade: _____ Estado: _____ Tel.: ( ) _____

Fax: ( ) _____ E-mail: _____ Data de nascimento: _____

Profissão: _____ Professor? ☐ Sim ☐ Não Disciplina: _____

Summus Editorial
Rua Itapicuru, 613 7º andar 05006-000 São Paulo - SP Brasil Tel.: (11) 3872-3322 Fax: (11) 3872-7476
Internet: http://www.summus.com.br e-mail: summus@summus.com.br

cole aqui